抗日胜利这一天

莫真宝 编

中国青年出版社

图书在版编目（CIP）数据

抗日胜利这一天 / 莫真宝编. -- 北京 : 中国青年出版社, 2015.8

ISBN 978—7—5153—3797—5

Ⅰ. ①抗… Ⅱ. ①莫… Ⅲ. ①诗集—中国—当代

Ⅳ. ①I227

中国版本图书馆CIP数据核字(2015)第205295号

责任编辑：彭明榜

书籍设计：孙初+林业

中国青年出版社 出版 发行

社址：北京东四12条21号

邮政编码：100708

网址：www.cyp.com.cn

编辑部电话：(010) 57350506

门市部电话：(010) 57350370

北京科信印刷有限公司印刷　新华书店经销

700mm×1000mm　1/16　8.75印张　70千字

2015年8月北京第1版　2015年8月北京第1次印刷

定价：23.00元

本书如有印装质量问题，请凭购书发票与质检部联系调换

联系电话：(010) 57350377

前言

今年是纪念全世界人民反法西斯战争胜利70周年暨中国人民抗日战争胜利70周年的重要年份。70年前的8月10日，日本通过瑞典、瑞士照会美、苏、中、英等国，决定无条件投降。是日起，中国进入"抗日胜利"时间。8月15日，日本正式宣布投降。9月2日，日本正式签署无条件投降书。9月3日，国民政府宣布举国庆祝，放假三天。从胜利消息陆续传开，各界人士即纷纷赋诗，表达对"抗日胜利这一天"百感交集的心情。本书从搜集到的约400首作品中，精选了140余首，汇为一集，纪念和追怀那些胜利的日子。"年年都庆九月三"，希望这本小书能为每年的抗日战争胜利纪念活动提供一些可资学习的资料。

本书入选的作者具有一定的代表性。从年龄来看，有上自89岁的前清总理南北洋海军、民国海军总长萨镇冰，也有年方17岁的在校大学生李望回，涵盖相差70岁的"三代人"。从社会身份来看，有旧式士大夫文人，有新式知识分子，也有军政要人和社会各阶层的群众：萨镇冰、商衍鎏、于右任、黄炎培、钱来苏、马叙伦、谢觉哉等，或为前清进士，民国元老，或为无产阶级革命家；罗卓英、梁立柱、戴坚、张中如、徐明等，为国共两党参加过一线抗战甚至东京审判的将军；陈寅恪、汪东、马一浮、饶宗颐、吴世昌、王季思、刘永济、沈祖棻、盛静霞、霍松林等，则为光耀学界的人文学者；施蛰存、李霁野、萧军、芦荻、柯尧放，均为蜚声一时的新文学作家。可以说，这是20世纪旧体诗词作家群一次具体而微的集体亮相。

这批诗歌，从不同的侧面表现了各界人士在获悉日寇投降时的所思、所想、所感。这里有猛地获知胜利消息时的狂喜，如包含"日寇乞降喜而不寐枕上作""喜闻""喜赋""狂喜书感"一类字眼的标题触目皆是，这里回荡着初闻胜利的喜悦之情；"骨暴沙场枯更白，血沾甲胄久还红"（萨镇冰），这里有对全国各族人民英勇不屈勇敢抗敌的精神的歌颂；"蓬蒿枯骨冷，灰烬故园芜"（吴德润）、"闾阎馀瓦砾，草木长街坊"（刘一禾），这里有兵燹之后疮痍满目的惨象；"莫道长年亦多难，太平看到眼中来"（齐白石）、"故鬼新茔，无家何用生还"（沈祖棻），这里有劫后余生的庆幸与悲凉；"谈笑两京收复，待明年春早，正好还乡。喜朝辞白帝，一舸下瞿塘"（王沂暖），这里有对家乡的思念及对返乡的憧憬；"明朝巴峡楼船下，长跪萱闱诉别离"（顾毓琇）、"但使苍生免涂炭，颓年甘分忍饥寒"（马一浮）、"解甲仓皇离战地，生还无处觅樱花"（马叙伦）、"渠帅终须殄，降兵未忍诛"（吴德润），这里有对家人的思念、百姓的哀怜甚至对战败国士兵的同情；"余杀人子亦已多，即今食报理凯讹"（黄炎培）、"南京尸骨长沙火，永记东洋罪恶篇"（王子壮），这里有对侵略者的痛恨与谴责；"飞扬明治维新后，断送昭和黩武中"（黄式苏），这里有对悍然发动侵略战争造成的后果的反思；"书生别有忧时感，何日承平许退耕"（吴霭宸）、"水背井陉功忽就，威加河朔事逾纷"（沈轶刘）、"黎民须生产，百业俱待兴。和平建中国，慎勿动刀兵"（梁立柱）、"中国不堪再内战，千门万户望长安（李望回），这里有对抗战胜利后国内局势的忧惧。……欲喜还悲，欲歌还哭，抗战甫胜，诗人们内心的情愫五味杂陈。

这批诗歌，直面火热的现实生活，抒写内心的复杂情感，艺术上不拘一格，或说理，或抒情，或记事，很好地继承了传统诗词赋、比、兴的手法。大多数诗词作品不假锤炼，冲口而出，采用铺叙的手法直陈其事，直抒其情，直写其感，自然洗炼而又真切动人。如柯尧放《快哉此夜行》、成惕轩《渝都凯唱》、王冷斋《民国三十四年八月十日晚八时闻爆竹声日敌乞降狂喜书感》，等等。除此之外，也有用典深婉，乍看难以索解者，如黄咏雩的《凯歌》《大酺》《破阵乐》等大量使用"古典"所造成的阅读障碍，需要"披文以入情"，才能恰当理解其深度抒情的效果及其感染力；又如吴世昌《乙酉八月二十七日书感五十韵》自注"今典"十余处，忧国忧民之心跃然纸上。更有通篇辞兼比兴，流靡深沉者，如陆真翘"褓袍已裂忍重看，烛泪西窗扰未干。莫道燕归天又暖，十分春意九分寒"（《抗战胜利有感》），用"褓袍已裂"喻国共交兵，并通过乍暖还寒的天气，喻指内战的阴云。又如刘永济的《玉楼春》借伤春的传统意象表达对抗战胜利后国内种种堪忧局面的思考，具有独特的艺术匠心。至于借代、比喻等修辞艺术的运用，所在皆是，不胜枚举。

　　本书所录作品，体裁完备。有长篇五古，有七言歌行，有五七言律绝，也有词，还有少量的散曲，包含了至今仍被人们乐于使用的主要传统诗歌体裁。风格上雅俗并存，既有措辞古奥用典繁密的雅言之作，也不乏文白相生的通俗之词。这充分显示了诗词散曲等传统韵文文体在表现时代生活方面所具有的生生不息的艺术生命。捧读这一首首心血之作，回味民族受难与不屈抗争的历程，我们仿佛回到了那段令人狂歌当哭的峥嵘岁月，对抗日先辈们为保家卫国舍身忘死、浴血奋战的景仰之情油然而生！

　　总之，我们试图通过这些诗，触摸诗人们敏感的心灵，触摸国家和民族在获得新生的那一刻的思想和情绪。由于时间仓促，材料搜集、体例编排或有不周，敬请读者批评指正。

莫真宝

2015年8月

目录

闻日本乞降感赋①

萨镇冰

满地干戈今已定，人心欣慰万方同。

降王应悔当年错，盟主洵为一代雄②。

骨暴沙场枯更白，血沾甲胄久还红。

蓬莱此日荒凉甚，败瓦颓垣遍海东③。

1945年8月10日

注释

①选自萨镇冰著《仁寿堂集》，海峡文艺出版社2013年11月版。萨镇冰（1859~1952），字鼎铭，福建闽侯人，蒙古族。毕业于福州船政学堂、英国皇家海军学院。清末任总理南北洋海军兼广东水师提督等职。入民国，任福建省省长、海军总长，兼代国务总理，授海军上将。

②降王：昭和天皇（1901~1989），本名裕仁。公元1945年8月发布"终战诏书"，代表日本帝国向同盟国无条件投降。盟主：指第二次世界大战时期的美、苏、英、中四国国家领导人罗斯福（继任者杜鲁门）、斯大林、丘吉尔、蒋介石。

③蓬莱：传说中的海上仙山，指日本。司马迁《史记·秦始皇本纪》记载："齐人徐市（fú）等上书，言海中有三神山，名曰'蓬莱、方丈、瀛洲'。"海东：黄海之东，也指日本。宋释居简《北磵集》卷10《祭佛照禅师圆鉴之塔》云："孚大信于物，则海东日本不约而至。"

侯且斋、董秋崖、余偶视余，即留饮^①

齐白石

柴门常闭院生苔，多谢诸君慰此怀。
高士虑危曾骂贼，将军识字未为非。
受降旗上日无色，贺劳樽前鼓似雷。
莫道长年亦多难，太平看到眼中来。

注释

①选自《齐白石全集》第10卷，湖南美术出版社1996年10月版。原题右有双行小字注："按，是年一九四五。秋日寇投降，十月十日北平受降。"齐白石（1863~1957），原名纯芝，字渭清，号白石。湖南湘潭人，画家。新中国成立后曾任中国美术家协会主席。著有《齐白石作品集》《齐白石全集》等。

哀日本①

黄式苏

巧凭利器奏奇功，原子弹成神鬼恫。

穷岛何堪供一击，强邻况复起相攻。

飞扬明治维新后，断送昭和黩武中。

太息雄风竟安在，降幡远出海天东②。

1945年

注释

①选自张炳勋编注《黄式苏集》，线装书局2000年2月版。黄式苏
（1874~1947），一字仲荃，号迂叟，浙江乐清人。光绪举人，入同盟
会。抗战期间，不事敌伪，避地乡下，坚持节操。有《慎江草堂诗钞》
等。

②降幡：表示投降的旗帜。

和伯衡日本受降[①]

商衍鎏

受降地址在湖南芷江

早破连鸡势，纳降今筑城。
芷江欢献捷，薄海庆销兵。
日月三山没，风云万国盟。
夷情防反覆，慎保汉家声。

注释

①选自《凯歌集》，见《商衍鎏诗书画集》，文物出版社2008年版。商衍鎏（1874~1963），广东番禺人。清光绪三十年（1904）甲辰科以殿试一甲第三名成进士，任翰林院编修。1912年被聘为德国汉堡大学汉文教授，1914年回国曾任财政部秘书等职。新中国成立后，任中央文史研究馆副馆长、广东文史研究馆副馆长、广东省政协常委。著有《商衍鎏诗书画集》等。

乙酉中秋望月①

商衍鎏

八年秋月照人愁，今夜清光遍九州。
相望圆时欢玉宇，那从缺处认金瓯。
星疏数点微云淡，雨久连番宿露留。
尚冀吴刚休纵斧，广寒辜负梦中游。

注释

①选自《凯歌集》，见《商衍鎏诗书画集》，文物出版社2008年
版。

平调满江红·暑退^①

夏仁虎

如许炎威，似酷吏、都与挂冠。清夜坐，一丝凉意，吹入琴弦。畏暍心情衰愈甚，息阴身世梦难安^②。算从今、鱼烂不须忧，天地宽^③。　　祖龙死，佛狸亡；曾炙手，忽无言^④。有除乘消息，天道如环。青鸟西飞琼珮响，赤乌东射宝弓弯^⑤。许先生、一棹白门秋，葭菼间^⑥。

1945年8月15日抗日战争胜利日作

注释

①选自中央文史研究馆编《缀英集》，线装书局2008年8月第1版。夏仁虎（1874~1963），近代诗人。字蔚如，号啸庵。江苏江宁人。中央文史研究馆馆员。有《啸庵诗词》《啸庵诗存》《啸庵文集》等。

②畏暍：害怕暑天的炎热。暍（yē）：暑热，中暑。

③鱼烂：鱼腐烂，比喻自内部糜烂、腐败。汉王符《潜夫论·明暗》："赵高入称好言以说主，出倚诏令以自尊，天下鱼烂，相帅叛秦。"郭沫若《战声集·诗歌国防》："帝国主义在这儿运用他的阴谋，他于化学兵器之外还使用着内攻，他由民族中造出汉奸来发生出鱼烂作用。"

④祖龙：秦始皇，中国历史上第一个"皇帝"。他使用武力，结束了战国纷乱局面。《史记·秦始皇本纪》："因言曰：'今年祖龙死。'"裴骃集解引苏林曰："祖，始也；龙，人君像；谓始皇也。"

佛狸（bì lí）：北魏拓跋焘（太武帝）的小字。《宋书·索虏传》："嗣死，谥曰明元皇帝，子焘，字佛狸，代立。"拓跋焘亲率大军先后攻灭胡夏、北燕、北凉，伐柔然、征山胡，降鄯善，逐吐谷浑，取刘宋的虎牢（今河南荥阳汜水镇）、滑台（今河南滑县东）等地，统一中国北方。

⑤青鸟：古代神话中传递信息的使者。赤乌：传说中为太阳驾车的神鸟名，又称金乌，代指太阳。第二次世界大战中，代表日本的旗帜是白色旗面，一轮红日居中。俗称"太阳旗"。弯弓射日，喻指打败日本侵略军。

⑥白门：江苏省南京市的别名。六朝皆都建康（今南京市），其正南门为宣阳门，俗称白门，故名。葭菼（jiā tǎn）：芦与荻，均为水生植物名。《诗·卫风·硕人》："葭菼揭揭。"毛传："葭，芦；菼，薍也。"薍（wàn），初生的荻。

芷江举行日军受降仪式二首①

姚伯麟

将军飞到受降城，此日芷江仪式行。
千载永留新协定，空前历史造光荣。

甲午清廷一败降，八年抗战复兴邦。
旋乾兼有转坤手，直把马关移芷江。

1945年8月21日　上海

注释

①选自姚伯麟著《九一八、一二八、七七、八一三、太平洋抗战诗史》，改造与医学社1948年版。姚伯麟（1877~1953），字鑫振。陕西三原县城东关人，笔名鹿原学人。曾任西安同仁医院院长、《改造与医学》杂志社社长。著有《京剧二百年历史》及《李师师》《汉明妃》等剧本，又有《太平洋战后问题》《航空与医学》等。其《抗战诗史》录诗作约千首，当时有"民族诗人"之誉。建国后，被聘为上海文史研究馆馆员。

日寇乞降喜而不寐枕上作①

陈叔通

围城偷活鬓加霜，八载何曾苦备尝。
未见整师下江汉，已传降表出扶桑②。
明知后事纷难说，纵带惭颜喜欲狂。
似此兴亡亦儿戏，要须努力救疮伤。

注释

①选自陈叔通著《百梅书屋诗存》，中华书局1985年版。陈叔通（1876~1966），名敬第，浙江杭州人。清末翰林，留学日本。曾参加戊戌维新运动、辛亥革命、反对袁世凯的斗争。抗日战争期间从事抗日救亡活动。中华人民共和国成立后，任中央人民政府委员、全国人大常委会副委员长、政协全国委员会副主席等职。

② 降表：投降的表文。指裕仁天皇的《终战诏书》。扶桑：东方古国名，常指日本。

痛定词（六首选一）^①

黄炎培

余生十七年甲午既丁国难。九一八祸作，痛国亡之无日，屏弃一切，矢与周旋。抗战既作，故乡沦敌，间关流转，足遍西南。今者，河山全复，日月重光，成诗六章，不自觉其哀苦之情，多于欢庆也。

万国金铙凯唱回，五云飞舞胜旂开^②。

山阳归马滋心壁，城下牵羊识罪魁。

扫穴不曾威斧钺，挂弓空复上蓬莱^③。

芒芒五十年间恨，一白神州骨作堆^④。

1945年9月15

注释

①选自《苞桑集》卷三。开明书店1949年第2版。组诗共六首，选第一首。

②五云：五色云，指皇帝所在处。杜甫《送李八秘书赴杜相公幕》："南极一星朝北斗，五云多处是三台。"

③扫穴：喻彻底消灭侵略势力。《汉书·匈奴传》："（班）固已犁其庭，扫其闾（穴），郡省而置之。"挂弓：把弓挂起来，为息兵的标志。代称天下太平。杜甫《投赠哥舒开府翰》诗："青海无传箭，天山早挂弓。"

④五十年：指从1894年日本挑起甲午战争，清廷被迫签订《马关条约》等一系列不平等条约，到1945年8月日寇向国民政府投降。

八月十日夜闻日本乞降，枕上口占[1]

江庸

入蜀八年久，今将七十翁。
放翁应羡我，亲见九州同。

作于1945年

注释

①选自《江庸诗选》，中央文献出版社2001年3月第1版。作者有《和伽德见赠原韵，即送其南下》之作，其云："去住无心任自由，别筵先践夏家楼。金瓯此日终无恙，玉貌何人讵有求。春到梅花思故塞，雪销江水换新流。江南草长莺飞日，与尔樽前说旧游。"喜悦之情溢于言表。江庸（1878~1960），字翊云，晚号澹翁，原籍福建省长汀县，生于四川省璧山县署。1924年任国立政法大学校长。解放后，任上海市文史研究馆馆长等职。有线装《澹荡阁诗集》等，排印时改题《江庸诗选》。

醉高歌·闻日本乞降，作付《中华乐府》（十首选三）①

于右任

万家爆竹通宵，人类祥光乍晓。百壶且试开怀抱，镜里髯翁渐老。

金刚山上云埋，鸭绿江心浪摆。卢沟月暗长城坏，胡马嘶风数载。

高原木落天宽，故国风和日暖。等慈寺下歌声断②，常使英雄泪满。

1945年8月重庆

注释

① 选自于媛编《于右任诗词曲全集》，世界图书出版西安公司2006年9月版。原作十首，选第一、二、九首。于右任（1879~1964），原名伯循，别署髯翁，陕西三原人。同盟会会员，参加辛亥革命，曾任陕西靖国军总司令、国民政府监察院院长等职。1949年去台湾。工诗书，著有《右任文存》《右任诗存》等。

②等慈寺：唐李世民击败王世充、窦建德后，于贞观年间在河南汜（sì）水县建此寺为阵亡将士荐福。有《等慈寺塔记铭》，颜师古撰文并书。此处不必实指其寺。

乙酉秋七月四日闻日本投降赋诗纪之 [1]

周光辉

海外忽闻日乞降，寰中传播喜欲狂 [2]。
强梁自古身多毙，好战原知国必亡 [3]。
伐罪应宜惩首恶，输诚只愿留天皇 [4]。
谁怜德义同归尽，世界和平守约章。

1945年8月11日

注释

①选自李逢春编注《西宁历代诗人诗词选注》，陕西人民出版社，1995年11月版。周光辉（1879~1969），字月秋，号绘云老人。青海西宁人。中华人民共和国成立后，任青海省文史研究馆馆员。他"能画能书，尤工于诗"。今存诗212首，辑为《绘云阁诗钞》，有手抄本存世。
②寰中：犹宇内，天下。
③强梁：凶暴，强横。《老子》："强梁者不得其死。"
④伐罪：讨伐有罪者。

闻日本降伏遂书（四首选二）①

叶恭绰

八年蠖屈与鸿冥，土室危巢共此情②。
留得此身无垢在，严霜毒雾不须惊。

举头忧患尚如山，洞底黄花分耐寒。
晚节秋容都莫论，且将贞白与人看。

1945年

注释

①选自叶恭绰著《遐庵汇稿》，民国丛书本，上海书店1990年版。
原诗共四首，这里选的是第一、二首。叶恭绰（1881~1968），字裕甫，
号遐庵，广东番禺人。曾任北洋政府交通总长、广州国民政府财政部
长、南京国民政府铁道部长。1939年在香港发起组织中国文化协进会，
香港沦陷后，于1942年10月转往上海，拒绝接受伪职。1951年任中央文
史研究馆副馆长。著有《遐庵汇稿》《矩园馀墨》《遐庵小品》《历代
藏经考略》等。

②蠖屈：比喻不得志时，委屈求存。《周易·系辞下》："尺蠖之
屈，以求信（伸）也；龙蛇之蛰，以存身也；精义入神，以致用也。"
鸿冥：遥空。大雁飞向远空，比喻远走避祸。汉扬雄《法言》："鸿飞
冥冥，弋人何篡焉。"

闻寇退口号①

马一浮

平陂往复事如环，万井流离或暂安。
但使苍生免涂炭，颓年甘分忍饥寒。

一片归心逐乱云，只今道路尚纷纷。
闭门收拾闲言语，猿鹤山中静不闻。

注释

①选自《马一浮全集》第3册，浙江古籍出版社2013年1月版。原作共六首，这里选的是第一、六首。马一浮（1883~1967），名浮，字一浮，晚号蠲戏老人。浙江绍兴人。后曾赴美国、日本留学。民国元年一度出任教育部秘书长。抗日战争爆发后，避寇走四川，任乐山复性书院院长。中华人民共和国成立后，任浙江省文史研究馆馆长、中央文史研究馆副馆长等。著有《蠲戏斋诗前集》《避寇集》《蠲戏斋诗编年集》等。

闻罢兵，喜东归不远，代简寄天乐昆仲^①

马一浮

扁舟下峡已堪期，此日休兵事不疑。

念乱定知相见老，言怀翻恨寄书迟。

故园松菊今馀几，暮齿交亲更数谁？

第一莱衣重聚首，欢颜应问草堂诗^②。

注释

①选自《马一浮全集》第3册，浙江古籍出版社2013年1月版。自注：罢兵，指民国三十四年（1945）秋日本乞降事。

②莱衣：老莱子所穿五色彩衣。莱衣聚首，指孝养父母。《后汉书》注引《列女传》："老莱子孝养二亲，行年七十，作婴儿自娱。著五采斑斓衣裳，取浆上堂，跌仆，因卧地为小儿啼，或弄雏鸟于亲侧。"草堂诗：杜甫《闻官军收河南河北》，时流寓巴蜀，诗中有"漫卷诗书喜欲狂"句写闻胜的喜悦，又有"即从巴峡穿巫峡，便下襄阳向洛阳"之句，意指离蜀还乡。

收京喜赋二首[①]

邢端

南冠八载坐幽囚，露布欣传遍九州[②]。
日丧偕亡闻鬼哭，河清可俟仗人谋[③]。
度辽并雪前朝耻，覆楚终歼九世仇[④]。
犹有台澎遗老在，喜心翻倒涕难收。

儒冠自笑误平生，垂老翻思效请缨。
劫火竟焚出日处，会师同筑受降城。
天骄颉利终成虏，孤注澶渊已受盟[⑤]。
画地何人持玉斧，可能左股割蓬瀛。

注释

①选自中央文史研究馆《缀英集》，线装书局2009年版。邢端（1883~1959），字冕之，号蜇人。贵州省贵阳人。光绪三十年（1904）进士，后留学日本，回国曾任翰林院检讨等职。1951年被聘为中央文史研究馆馆员。著有《蛰庐丛稿》《贵州方志提要》等。
②南冠：囚犯。《左传·成公九年》记载："晋侯观于军府，见钟仪。问之曰：'南冠而絷（zhí）者谁也？'有司对曰：'郑人所献楚囚也。'"注云："南冠，楚冠也。"后世以"南冠"代被俘或战犯，
③日丧偕亡：表达对残暴者的憎恨之情。《尚书·汤誓》引时人痛恨夏桀之语曰："时日曷丧？予及汝皆亡。"河清：国家太平的象征。张衡《归田赋》："徒临川以羡鱼，俟河清乎未期。"吕延济注："河

清，喻明时。"

④九世仇：比喻累世深仇。春秋时，齐哀公被纪侯诬害，遭到周朝煮杀的酷刑。经过九世，到齐襄公时才报了仇，消灭了纪国。见《公羊传·庄公四年》。

⑤颉利：颉利可汗，代指裕仁天皇。《旧唐书·高丽传》载："贞观二年，破突厥颉利可汗，建武遣使奉贺，并上封域图。"又《旧唐书·太宗纪下》："贞观四年（630年）三月庚辰，大同道行军副总管张宝相生擒颉利可汗，献于京师。"

闻日寇投降喜赋①

张肖鹄

海内惊传原子弹，苏联兵已入辽韩。

八年始见天心复，三岛无归敌胆寒②。

漫卷诗书疑梦寐，远瞻乡井话悲酸。

疮痍满目河山旧，好作骄淫教训看③。

1945年8月15日

注释

①选自张肖鹄著《峭谷诗稿》，湖北教育出版社1991年10月第1版。张肖鹄（1883~1966），名祝南，以字行。湖北鄂城人。辛亥革命志士。抗日战争期间，拒绝出任维持会职务，举家迁避到游击区，以教书为生。1945年8月15日，日本宣布无条件投降，时作者在西畈教书，闻讯喜赋此诗。

②三岛：清末民初时对日本的别称，指当时日本的本部领土有本州岛、四国岛、九州岛。后来随着北海道的开发，日本就不在是三岛而是四岛了。

③疮痍：创伤，比喻战争后民生凋敝。骄淫：骄奢淫逸，指骄横、奢侈、放荡、安逸的糜烂生活。

抗日战争胜利①

谢觉哉

八月十五复仇节，八月十五胜利天②。

伏尸流血五千里，尝胆卧薪一百年③。

虎待全擒须扫穴，鱼还未得莫忘筌④。

拚将福祉贻孙子，嘉岭山头看月圆⑤。

1945年中秋

注释

①选自谢觉哉著《谢老诗选》，中国青年出版社1980年5月版。谢觉哉（1883~1971），湖南宁乡人。1925年加入中国共产党。新中国成立后任内务部部长、最高人民法院院长、全国政协副主席等职。有《谢觉哉文集》《谢老诗选》等。

②元代末农民起义军把八月十五日称为复仇节。

③卧薪尝胆：事见《史记·越王勾践世家》，以勾践灭吴复仇事喻中国人民自1840年鸦片战争以来，为洗刷国耻，前仆后继，英勇抗击外侮达百年之久。

④莫忘筌：喻革命还没有彻底胜利，不能放弃斗争。《庄子·外物》："筌者所以在鱼，得鱼而忘筌。"筌，捕鱼的竹篓。

⑤福祉：幸福。嘉岭山，在延安。

日寇请降，河山再造。归期近矣，率成二章①

陈匪石

受降坛启九秋初，虎踞龙蟠复旧居。

喜见弯弓真弹日，漫嗟插架久无书②。

三冬足用瓢儿菜，一饭难忘石首鱼。

出峡少陵期纵酒，多应吾亦爱吾庐③。

待整归帆向凤台，江山万里画图开。

虚斋已分容高枕，幽径还教扫积苔。

篱畔黄花秋有信，眼中华表我重来。

黑头曾预耆英会，日暮微吟踵八哀④。

注释

①选自《陈匪石先生遗稿》，黄山书社2012年版。陈匪石
（1884~1959），名世宣，号小树，又号倦鹤，江苏南京人。1906年留
学日本并入同盟会，1928年至1948年历任江苏省建设厅秘书，工商、
实业、经济部参事，抗战期间随政府机关西迁重庆。胜利后东归，1947
年兼任南京中央大学教授。著有《旧时月色斋诗》《宋词举》《论词杂
著》《倦鹤近体乐府》《陈匪石先生遗稿》等。

②弹（bì）日：指神话中后羿射落九颗太阳。屈原《楚辞·天
问》："羿焉弹日？乌焉解羽？"插架久无书：作者书斋名"旧时月色
斋"，仅购置古书即近万卷。抗日军兴，南京失守，携子西行，藏书不
保。

③"出峡"两句：表达胜利后急欲返乡的心情。杜甫《闻官军收河南河北》有"白日放歌须纵酒""即从巴峡穿巫峡"之句。陶渊明《归园田居》："众鸟欣有托，吾亦爱吾庐"。

④耆英会：指年高有德者的聚会。宋文彦博留守西都洛阳，集年老士大夫十一人聚会，吟诗作乐，当时谓之"洛阳耆英会"。见宋司马光《洛阳耆英会序》。作者年青时曾入同盟会和南社，与一时名宿交游。

八哀：指亲友凋零，惟赋诗悼念。杜甫有组诗《八哀诗》思王思礼、李光弼、严武、汝阳王李琎、李邕、苏源明、郑虔、张九龄等八人。

八月十日夜闻日本乞降七首

马叙伦

月甫生明夜未阑，欢声直上白云间[1]。
八年虏马崩腾甚，终见降旗百尺竿。

南征北进气何雄，一旦降旗旭日空[2]。
我自独深民物感，怜他哀怨正秋风。

长征万里别娘爷，月照深闺几度斜。
解甲仓皇离战地，生还无处觅樱花。

满目伤痍换太平，衣冠万国又同盟。
天罗地网非长策，物物平施自弭兵。

忽尔骈驱号四强，大名暴至惧非祥。
乾乾夕惕还相励，计到民生仔细商。

御侮金言止阋墙，解兵坐论敞明堂。
且从人与徵天与，据土分民枉并伤。

八载无欢伏海疆，自惭贫病辟戎行。

乍闻二尺传书至，喜动衰颜自觉狂。

注释

①选自周德恒编《马叙伦诗词选》，文史资料出版社1985年3月第1版。马叙伦（1884~1970），浙江余杭人，同盟会会员，曾任北京大学教授、浙江省教育厅厅长、建设厅厅长、民政厅厅长、国民政府参事、教育部次长，北平文化界抗日救国会主席。新中国成立后，曾任教育部部长、高教部部长、民盟中央副主席、全国政协副主席。著有《马叙伦诗词选》。

②自注：时旧历七月初四。

③自注：降旗例以纯白。

倭寇投降①

钱来苏

前面有高山，后面有高山。

左面亦高山，右面亦高山。

终日置身群山里，昂首看天如井底。

问君何事到此间，欲答此问心肝酸。

我本生自大平原，膏沃千里无峰峦。

十四年前九一八，倭奴入寇开烽烟。

一夜席卷辽宁省，龙江吉林继占领。

奸秦传令不抵抗，志士请缨路亦梗。

马军力竭嫩江桥，蔡军顿挫申江潮②。

奸秦勒兵不肯救，大好河山忍弃抛。

奸秦秉政误中国，千万人家遭劫毁。

倭骑所至号"三光"，流离载道半成鬼。

敌屠中国好儿女，奸杀忠良曾不恤。

巧手难画森罗图，敌奸罪恶难枚举③。

敌奸结网步难行，人道延安有救星。

昼伏宵征渡封锁，万死投艰得一生。

延安纵有万重山，山中却有桃花源。

男耕女织兵马壮，敌忾同仇信念坚。

桃源更有救世主，胜算筹兵收国土。

八年抗战建奇勋，反惹奸秦生嫉妒。

苏联雄兵捣满洲，美国坚甲收琉球。

英军入缅亦屡捷，八路神威倭奴愁。

九一八来十四年，倭奴屈膝降军前。

无量血债应偿付，人民终自奏凯旋。

救主幡然飞巴蜀，号召团结组政府。

人民渴望真和平，那许独夫再黩武。

大家警惕记今天，昭昭公理胜强权。

和平建设新民主，没世无忘嘉岭山。

9·18纪念日作

注释

①选自钱家楣、隗蒂编《钱来苏诗选》，时代文艺出版社1985年8月第1版。钱来苏（1884~1968），名拯，字来苏，原籍浙江杭县，出生于奉天省奉化县（今吉林梨树县）。1904年赴日本留学。"七·七"事变后，任少将参事。新中国成立后任中央文史研究馆馆员。著有《孤愤草初喜集合稿》《钱来苏诗选》。

②马军：1931年9·18事变之后，11月江桥之役，马占山曾率部抗击日军。蔡军：蔡廷锴（1892~1968），曾任十九路军副总指挥，1932年1月28日夜，领导上海军民抗击日军侵略。申江，指上海。

③森罗：地狱。喻指当时在日寇铁蹄蹂躏下的中国。

欢呼日寇投降 并序①

向乃祺

俄进兵满洲，殄灭关东军，美遂乘机投原子弹，炸日广岛、长崎，日寇震慑投降。

弥漫兵器未能销，下彻重渊上碧霄②。

迅挞皇军凭地利，胜投原弹炫天骄③。

和平坛坫无虞诈，带砺山河有动摇④。

远市欢声腾舞起，不教微雨涤尘嚣。

注释

①选自彭勃主编《溪州古诗选录》，1989年11月编印。向乃祺 (1884~1954)，土家族，字伯祥。湖南永顺人。1904年留学日本，入早稻田大学。后参加辛亥革命。曾在《民主报》提出建国计划，主张制定宪法。任国会参议员及安徽贵池专员公署专员、国民政府监察院监察员、北京大学教授等职。著有《灵溪诗存》，共700多首。

②意谓战争的硝烟弥漫，下至深渊，上至碧霄。形容战争激烈。兵器，犹言兵甲、兵革，指战争。

③"迅挞"句言苏联红军出兵东北攻击日本关东军，"胜投"句指美国向日本广岛、长崎投原子弹。

④坛坫（diàn）：会盟的坛台，或指谈判场所。坫：古时放置器皿、食物的土台子。带砺山河：《史记·高祖封臣侯者年表》："封爵之誓曰：'使河如带，泰山若砺，国以永宁，爰及苗裔'。"谓纵使黄河狭窄如衣带，泰山细微如砺石，国家仍将永恒。

八月十日夜电传倭寇乞降，十二日补赋^①

柳亚子

殷雷爆竹沸渝城^②，长夜居然曙色明。

负重农工嗟力竭，贪天奸幸侈功成^③。

横流举世吾滋惧，义战能将国尚荣。

翘首东南新捷报，江淮子弟盼收京^④。

1945年8月

注释

①选自《磨剑室诗词集》，上海人民出版社1985年1月版。柳亚子（1886~1958），江苏吴江人，名弃疾，字亚子。为南社主要发起人之一。曾任孙中山总统府秘书、国民党中央监察委员、上海通志馆馆长等。新中国成立后，任全国人大常委、中央文史研究馆副馆长等职。著有《柳亚子文集》。

②殷雷：雷声。《诗·召南·殷其雷》注："殷，雷声也。"渝城：重庆的别称。

③贪天：贪天之功。《左传·僖公二十四年》："窃人之财，犹谓之盗，况贪天之功以为己力乎！"奸幸：指国内反动派。侈：谓大吹大擂。

④江淮：泛指长江淮河流域。收京：谓收复南京。

四五年九月三日为庆祝胜利日有作、七叠城字韵^①

柳亚子

还我河山百二城，阴霾扫尽睹光明。

半生颠沛肠犹热，廿载艰虞志竟成^②。

团结和平群力瘁，富强康乐兆民荣。

嘤鸣求友真堪喜，抵掌雄谈意态京^③。

1945年9月

注释

①百二城：指被日本侵略者占领的国土。吴融诗："南边已放三千马，北面犹标百二城。"

②肠犹热：谓忧国忧民的热肠依旧不变。杜甫《自京赴奉先县咏怀五百字》："穷年忧黎元，叹息肠内热。"艰虞：艰难忧虑。

③这两句是说自己和老朋友们聚在一起，激动地畅谈一番。嘤鸣求友：《诗·小雅·伐木》："嘤其鸣矣，求其友声。"抵掌：鼓掌。京：大。

沁园春·受降①

朱德

依毛泽东同志《沁园春·雪》韵。

红军入满②，日寇溃逃，降旗尽飘。我八路健儿，收城屡屡；四军将士，平复滔滔。全为人民，解放自己，从不向人言功高。笑他人③，向帝国主义，出卖妖娆。　　人民面前撒娇，依靠日寇伪军撑腰。看骗进名城，行同强盗；招摇过市，臭甚狐骚。坚持独裁，伪装民主，竟把人民当虫雕。事急矣，须鸣鼓而攻④，难待终朝。

注释

①选自中共中央文献研究室编《朱德诗词集》新编本，中央文献出版社2003年1月版。朱德（1886年～1976），字玉阶，四川仪陇人。中华人民共和国十大元帅之首。抗日战争期间任八路军总司令。受降：1945年8月15日日本宣布无条件投降，9月2日日本在投降书上签字，中国抗日战争胜利结束。

②红军入满：指1945年8月苏联百万红军进入中国东北，兵分四路进攻日本关东军。满，指满洲，旧指我国东北。

③他人：这里指国民党蒋介石。

④鸣鼓而攻：《论语·先进》："季氏富于周公，而求也为之聚敛而附益之。子曰：非吾徒也，小子鸣鼓而攻之可也。"后以鸣鼓而攻之喻为公开宣布罪状，加以声讨。

日寇投降喜赋①

吴德润

汉帜张天下，倭奴泣海隅。

蓬蒿枯骨冷，灰烬故园芜。

渠帅终须殛，降兵未忍诛②。

从兹兄弟睦，不见阋墙虞③。

注释

①选自中央文史研究馆编《缀英集》，线装书局2008年版。原诗共有两首。吴德润（1887~1975），字晓芝，笔名觉庐，湖南岳阳人。曾在京师大学、华北大学等校任教，后历任《太原日报》《河东日刊》《国民日报》总编辑。1963年被聘为中央文史研究馆馆员。著有《新编法语教程》《现代政党论》《觉庐诗词草》《时事诗词草》等。

②渠帅终须殛：指惩办战犯。殛（jí），诛，杀死。

③阋（xì）墙，兄弟间不和睦，喻指内乱。《诗经·小雅·棠棣》："兄弟阋于墙，外御其侮。"虞：忧虑。

闻日寇败退①

陈中凡

从来好胜愿终违，海澨惊传一弹飞②。

戎马八年随逝水，河山百战剩斜晖。

盈廷金壬俦堪恃，极目污莱胡不归③？

一轨同风成泡影，伯图梦里尚依稀④。

1945年秋

注释

①选自《清晖集》，书目文献出版社1987年5月第1版。陈中凡（1888~1982），江苏盐城人，原名钟凡，号觉元。曾任南京大学中文系教授、南京文联副主席、江苏省文史研究馆馆长。著有《中国文学批评史》《古书读校法》《诸子通义》《中国韵文通论》《汉魏六朝文学》《清晖集》等。

②海澨（shì）：海滨。澨，水边。原注：是年八月六日，美国在日本广岛投下了第一颗原子弹，八日（按，当为九日）又在长崎投下一颗原子弹，日本无辜平民数十万人死难。

③金壬（qiān rén）：小人。金，通"恉"，奸邪。污莱：田地荒芜，荒地。《诗·小雅·十月之交》："彻我墙屋，田卒污莱。"毛传："下则污，上则莱。"王先谦《诗三家义疏》："卒，尽也。田不治则下者污而水秽，上者莱而草秽。"

④一轨同风：车同轨，风俗一致。指日本军国主义者提出的"大东亚共荣圈"的迷梦。泡影：佛教用以比喻事物的虚幻不实，后喻指落空的事情或希望。《金刚经》："一切有为法，如梦幻泡影，如幻又如电，应作如是观。"伯图：称霸的企图。伯，即"霸"。

八月十日闻日本乞降喜赋①

陈隆恪

爆竹惊苏庑下魂，乞降飞讯破黄昏②。

沾裳涕泪悬家祭，避地形骸负国恩。

三户亡秦陵谷变，八年思汉子遗尊③。

枯杨休忘生稊日，元气长蟠万古根④。

注释

①选自陈隆恪著《同照阁诗集》，中华书局2007年4月版。陈隆恪（1888~1956），字彦和. 江西义宁（今修水）人。陈三立次子。光绪三十年（1904）以官费留学日本东京帝国大学，民国元年夏始返国。其诗酷肖三立，能传衣钵。曾任职于广州粤桂闽区统税务局，复任上海邮汇总局秘书等。

②苏，醒。庑（wǔ），堂下周围的廊屋。

③三户亡秦：正义的力量虽然暂时弱小，但最终能够打败残暴邪恶的统治，本句指打败日本侵略者的决心。语出《史记·项羽本纪》："楚虽三户，亡秦必楚。"

④枯杨生稊：古老的杨树又从根上发出了新芽，喻指祖国获得新生。语出《周易·大过》："枯杨生稊，老夫得其女妻。"木过老，故曰枯杨；稊（tí），通"荑"，树木新生的枝条或嫩芽。元气：人的精神、精气。蟠：充满。

乙酉八月十一日晨起闻日本乞降喜赋[①]

陈寅恪

降书夕到醒方知，何幸今生见此时。
闻讯杜陵欢至泣，还家贺监病弥衰[②]。
国仇已雪南迁耻，家祭难忘北定时[③]。
念往忧来无限感，喜心题句又成悲。

1945年8月11日

注释

①选自《陈寅恪集·诗集》，三联书店2009年9月第2版。陈寅恪（1890~1969），江西修水人。曾任清华大学、岭南大学教授。新中国成立后，任中山大学教授、中央文史研究馆副馆长。著有《寅恪先生诗存》《元白诗笺证稿》《隋唐制度渊源略论稿》等。

②贺监：唐贺知章曾任秘书外监，故称。贺知章八十六岁时告老还乡，旋即辞世。

③南迁：晋朝永嘉南渡、宋朝靖康南渡，史称"南迁"，此处代指国民政府西迁巴蜀。家祭：宋陆游《示儿》："王师北定中原日，家祭无忘告乃翁。"作者之父陈三立于七七事变后，北平、天津相继沦陷之际，拒绝日本人邀请出山，绝食五日而死。

乙酉九月三日日本签订降约于江陵感赋①

陈寅恪

梦里匆匆两乙年，竟看东海变桑田②。

燃萁煮豆萁先尽，纵火焚林火自延③。

来日更忧新世局，众生谁忏旧因缘。

石头城上降幡出，回首春帆一慨然④。

1945年9月3日

注释

①选自《陈寅恪集·诗集》，三联书店2009年9月第2版。按本篇有异文，唐筼录稿首三句作"梦里匆匆五十年，岂知真见海成田。燃萁煮豆萁先及"，吴宓抄存稿第七句作"兴衰报复知天意"。

②"两乙年"自注：乙未、乙酉。按：分别指1895年中日签订《马关条约》、1945年日本战败投降。

③燃萁煮豆：比喻兄弟相残。作者担忧发生内战，以此警惕世人。《世说新语·文学》："文帝尝令东阿王七步中作诗，不成者行大法。应声便为诗曰：'煮豆持作羹，漉菽以为汁。萁在釜下燃，豆在釜中泣。本自同根生，相煎何太急！'帝深有惭色。"

④"春帆"自注：光绪乙未中日订约于马关之春帆楼。

和刘泗英喜闻敌无条件投降原韵①

吴蔼宸

闻胜雷欢动北城，受降雨泣遍东京。
休言怪弹分成败，还仗雄师事讨征。
爆竹终宵心曲乱，桃符比户眼中明。
书生别有忧时感，何日承平许退耕。

注释

①选自中央文史研究馆编《缀英集》，线装书局2008年版。吴蔼宸（1891~1965），福建闽侯人。1942年派为外交部驻川康特派员，兼任燕京、华西大学教授。抗战胜利后，任国民政府外交部顾问。新中国成立后，1958年被聘为中央文史研究馆馆员。撰有《华北国际五大问题》《求志庐诗》等。

民国三十四年八月十日晚八时闻爆竹声知日敌乞降狂喜书感[①]

王冷斋

汹涌鲸波万里平，降幡片片出东瀛。

捷音电闪传寰宇，爆竹雷喧起满城。

艰苦八年完胜利，阴沉一旦复光明。

头颅拚掷宁无价，必死方能庆更生。

1945年8月

注释

①选自王冷斋著《卢沟桥抗战纪事》，时事出版社1987年1月第1版。王冷斋（1892~1960），福建省福州人。"七七"事变时，任宛平县县长，坚守危城，协同二十九军守城抗战。中华人民共和国成立后，任中央文史研究馆馆员、北京文史研究馆副馆长。

闻日寇投降喜赋①

吴宓　刘永平

忽闻海上斩长鲸，浪息漫收局一枰。

杜老高吟洗兵马，汉家重筑受降城。

十年不负尝薪胆，三岛终须拜会盟。

旧事马关回首处，春帆残照满蓬瀛②。

注释

①选自刘永平著《庸屏诗词选》，自印本。此诗于胜利日和吴宓联句，首尾两联乃吴宓句，中间两联为刘永平句。吴宓（1894~1978），陕西省泾阳县人。字雨僧。国立东南大学文学院教授，国立西南联合大学外文系教授。1950年起任西南师范学院（现西南大学）教授。著有《吴宓诗集》《文学与人生》等。

②李鸿章于1895年被迫与日本代表在马关春帆楼签订不平等的《马关条约》。蓬瀛：传说中海外有蓬莱、瀛洲、方丈三座仙山，这里借指日本。

阔别宜城瞬经八载，江山依旧，人物全非，赋此借抒怀感①

刘凤梧

八载干戈喜乍停，再来尘眼快重醒。

江心鹅屿添新绿，郭外龙山隐旧青。

草木未销烽火气，市廛仍带血痕腥。

飞鸿遍野饥无哺，一片哀鸣不忍听。

注释

①选自刘凤梧著《蕉雨轩诗钞》，黄山书社2012年版。原诗共两首，此为第一首。刘凤梧（1894~1974），名国桐，一字威禽，号蕉窗老人，又署司空遁叟，安徽岳西古坊乡人。安徽文史研究馆馆员。有《蕉雨轩诗钞》《病蛩吟草》《劫灰集》《绿波词稿》。

八月十日各报号外宣告日本已向同盟国无条件投降即改杜甫"剑外忽传收蓟北"诗志喜[①]

罗卓英

号外忽传收战果，果然倭寇已投降。

数千盟友环城舞，百万军民动地狂。

壮士高歌兼纵酒，同胞约伴好还乡。

岂徒东下看巫峡，更庆卢沟复沈阳。

注释

①选自罗卓英著《呼江吸海楼诗》，近代中国史料丛刊本，文海出版社1972年5月版。罗卓英（1896~1961），广东大埔人，字尤青。抗日战争期间，先后率部参加淞沪会战、南京会战、武汉会战，指挥上高战役等，任第九战区副司令长官兼第十九集团军总司令。1942年任远征军第一路司令长官。抗战结束后曾任广东省政府主席、东北行辕副主任等职。1949年赴台湾。有《呼江吸海楼诗集》《正气歌注》等。

乙酉七月初三夜闻日本乞降[①]

萧公权

疏星灿烂暮天霁，爆竹鞞訇人声沸[②]。

众口纷传倭寇降，繁灯赫赫鼓逢逢[③]。

八年血战今奏功，百年积辱一朝空。

擒贼擒王事非虐，降酋乞命须面缚。

夺其威福政归民，销兵放马人其人。

涤荡旧恶命维新，大道平和基善邻[④]。

从此东海不波千世长熙春。

1945年8月10日

注释

①选自萧公权著《小桐阴馆诗词》，中国人民大学出版社2014年版。萧公权（1897~1981），字恭甫，号迹园。美国康乃尔大学政治学博士。历任清华大学、台湾大学等校教授。1948年当选首届中央研究院院士。后赴美，任西雅图华盛顿大学教授。著有《小桐阴馆诗词》等。

②鞞訇（pēng hōng）：声响盛大貌。张衡《西京赋》："南翔衡阳，北栖雁门。奋隼归凫，沸卉鞞訇。众形殊声，不可胜论。"薛综注："奋迅声也。"

③逢（páng）逢：象声词。常形容鼓声。《诗·大雅·灵台》："鼍鼓逢逢，蒙瞍奏公。"

④涤荡：清除，洗雪。

抗战胜利有感①

陆真翘

裰袍已裂忍重看，烛泪西窗扰未干。
莫道燕归天又暖，十分春意九分寒。

注释

①选自《武汉文史资料》编辑部编1988年（增刊）。陆真翘
（1897~1969），字梦庐，江苏太仓县测河乡人，中医内科专家。1922
年定居汉口。

受降歌[①]

邵祖平

广岛弹融原子热，　大和民族喘失色。
虬髯变计倒戈攻，　暂肤花旗耀四国。
倭将切腹难蔽辜，　夜草降书裂千帛。
三十四年九月三，　从此为吾受降节。
成都爆竹喧万雷，　火炬游行射天赤。
美女传翼尊和神，　参商斗星永离隔。
儿童欢敲残瓦盆，　灶婢惊持面杖出。
吁嗟噫嘻欣复疑，　敌来投降我如失。
流人胆豪尪者兴，　百货低廉贾财折。
贾客囤积居奇长，　掩耳愁闻花爆坼。
喜炮连发振旅欢，　信号弹散霓虹烈。
抗战八年餐此果，　此果斗大甘如蜜。
主帅教战心断金，　与国扶义志如铁。
内外安宁乐升平，　失地全收定於一。
窃愿所收诸城市，　先返疲甿获军实。
贪夫不得稍侵牟，　倖胜宁能竞权益。
居安思危不忘忧，　良马下坂舒毋疾。
夸父逐日化邓林，　孟涂理讼罪衣血。
封府库财还灞上，　秦镜曾照心廉直。

贪天之功犹不宜，因人成事禄何及。

我归有砚行篋随，车载残书寮缥帙。

军兴以来千首诗，喜泪飘零压装溢。

秋花转娇蟾兔明，长江似练渚宫碧。

九州疮痍愈合平，稼场丰登粒狼籍。

飞机驮书禁运械，世界大同战攻绝。

我歌日月进亨衢，瀛海堪传且重译。

注释

①选自《培风楼诗》浙江大学出版社2000年7月第1版。邵祖平（1898~1969），字潭秋，南昌县人。曾为《学衡》杂志编辑，执教东南、之江、浙江等大学。著有《培风楼诗存》《续存》《七绝诗论诗话合编》《词心笺评》等。

七月初三夜半闻日军乞降讯，喜不成寐，作诗代颂四首①

邓散木

十年鱼眼望王师，壁垒惊闻一夕移。
信有秋风吹败叶，居然覆局定残棋。
梦回顿觉肝肠热，客至翻教涕泪垂。
自惜逡巡纡九死，馀生真见汉官仪。

势压如山不可当，遥闻天矢射天狼。
已凭一战降疏勒，未用三旬定晋阳。
鹰鹯工为千里击，虫沙漫惜万城荒。
扶桑铜柱知安在，丁令归时意欲狂。

捷书已应老谋成，振旅归来鼓角清。
钩党不闻扶旧祚，回天始信属哀兵。
汉家神武今重见，江上旌旗喜共迎。
更道长行有飞辂，湘南新筑受降城。

天涯同听凯歌声，道路相看喜有情。
去日豺狼俄敛迹，来时草木解敷荣。
包茅新贡翻图籍，缄札重寻异死生。

念奴娇·欣闻日本投降喜赋①

薛建吴

爆声如沸。听争传、倭寇投降消息。往事思量，真可痛，巨变难忘七七。水咽卢沟，潮寒歇浦②，蓦地狼烟直。哀哀华胄，尽罹红羊轭③。　　八载抗战艰辛，生灵涂炭，万里无完室。曾几何时，神弹投，不见豺奔狼踯。血债应偿，收回失地，自此销锋镝。强权歼灭，全球同登衽席④。

注释

①选自《行素轩诗集》，台北华文堂印书局1948年4月版。薛建吾（1899~？），江苏盐城人。据作于1948年3月的《行素轩诗集序》称"五十初度"，知其出生于1899年。序称"吾淮东寒骏，海右谫材"，又所编《初中应用文》署"盐城薛建吾编"。抗战期间赴蜀，抗战胜利后渡海赴台，曾任台湾省立台中师范学校校长。著有《行素轩诗集》《湘川道上》等。

②歇浦：上海市境内黄浦江的别称，也作"黄歇浦"，在诗文中常指代上海。相传为战国时楚春申君黄歇所疏凿，故名。浦，水滨，或河流入海处。此处以卢沟桥事变与淞沪会战并举。

③红羊轭：即红羊劫。古代的谶纬之说，代指国难。古人以为丙午、丁未是国家发生灾祸的年份。

④衽席：宴席；座席。借指太平安居的生活。语出《礼记·坊记》："衽席之上，让而坐下，民犹犯贵。"又《大戴礼记·主言》曰："是故明主之守也，必折冲乎千里之外；其征也，衽席之上还师。"

抗战胜利日作墨荷[①]

张大千

大喜收京杜老狂，笑嗤胡虏漫披猖[②]。
眼前不忍池头水，看洗红装解佩裳。

祉布道兄见访昭觉寺，为写此留念。不忍池在东京，为赏荷最胜处也。爰记。

注释

①选自《张大千诗文集编年》，荣宝斋出版社1990年10月第1版。张大千（1899～1983），原名张爰，字季爰，号大千居士，四川内江人。自幼习画。1917年赴日本留学，1935年任中央大学艺术科教授。七七事变后，困居北平，拒绝出任伪职，后化装潜出北平，辗转逃归大后方。1949年赴台湾，1954年迁居巴西圣保罗市。

②"大喜"，原作"失喜"，疑误。据李永翘著《张大千年谱》改。《年谱》载此诗附记多出数语："乙酉八月十日，倭寇归降，举国狂欢，祉布道兄见访昭觉寺，为写此留念。不忍池在东京，为赏荷最胜处也。爰记。"又王家诚著《张大千传》引此诗曰："忽报收京杜老狂，笑嗤强寇漫披猖。眼前不忍池头水，看洗红妆解佩裳。"文有小异。

浣溪沙·九月九日温州观祝捷[①]

夏承焘

犹有秋潮气未平，八方听角学春声，深杯莫问醉何名。　　夜夜天心忘却月[②]，家家人面好于灯。八年前事似前生。

注释

①选自《夏承焘词集》，湖南人民出版社1981年3月第1版。夏承焘（1900~1986），字瞿禅，晚号瞿髯，浙江温州人。曾任西北大学、浙江大学等校教授。有《天风阁词集》《天风阁诗集》等，其著作结集为《夏承焘集》八册。祝捷，庆祝抗日战争胜利。

②天心忘却月：谓因祝捷忘掉看月。

日本无条件投降有感[①]

梁立柱

八年风雨暗，血染草木腥。

庐舍多颓坏，田园畏棘荆。

日寇恣肆虐，残酷鬼神惊。

一朝敌倾覆，日月重光明。

天地已改色，四海起欢声。

黎民须生产，百业俱待兴。

和平建中国，慎勿动刀兵。

1945年

注释

①选自《黄埔军校同学诗词选》编委会编《黄埔军校同学诗词选》，辽宁人民出版社1989年6月第1版。梁立柱（1900~1946），字巨擎。河北省威县人。1928年参加第二次北伐战争，任国民革命军暂编第一军第二师中将师长。1940年初志愿赴绥远前线，率部抗日。1946年6月18日病故。

闻日寇投降狂喜书怀①

王子壮

破碎河山庆忽全，终从薪胆力回天。

神州八载驱倭战，三岛群首伏马前。

见雪累朝羞辱史，宁忘惨状杀烧年。

南京尸骨长沙火，永记东洋罪恶篇。

1945年8月在都匀

注释

　　①选自熊先煜主编《卢沟桥抗战诗词选》，北京燕山出版社2007年6月第2版。王子壮（1900~1948），名德本，字子壮。山东济南人，祖籍浙江绍兴。曾任国民党中央监察委员兼中央监委会秘书长、考试院铨叙部政务次长等职。抗日战争爆发后，随国民政府入川。1948年病卒于南京。

喜闻日寇投降^①

肖涵照

年年游客自逶迤，秋燕归来月满陂^②。
蔓草荒迷深院雨，霜华寒遍上林枝。
人凋潘鬓流年换，笔褪江花彩色移^③。
劫后果能梅鹤隐，西风万里一竿垂^④。

注释

①选自湖南少数民族古籍办公室编《历代土家族文人诗选》，岳麓书社1991年11月第1版。肖涵照，生卒年不详。名培德，别号养疵。湖南永顺县人。1919年毕业于私立湖滨大学，主要从事地方基础教育事业，曾任永郡联中校长等职。诗作甚多，遗著有《疵斋闲墨拾零》等。

②逶迤：道路、山脉、河流等弯弯曲曲延绵不断的样子，这里比喻艰难曲折。陂（bēi）：山坡。

③潘鬓：指中年鬓发初白。潘岳《秋兴赋序》："余春秋三十有二，始见二毛。"二毛：黑、白毛。流年：光阴，年华。"笔褪"句：意为才情消褪。据说，南朝梁代江淹梦神人授五色笔而才思大进，后来，五色笔于梦中被神人索回，则才思大减，称"江郎才尽"。

④梅鹤隐：北宋林逋（967~1028）隐居杭州孤山，植梅养鹤，人称"梅妻鹤子"。

胜利二首①

彭世融

一片降幡竖海东，八年龙战此收功②。
天教大放阳和气，雷声欢动万国同。

一丸威定古扶桑，鹊舍鸠居巧主张③。
天意分明诛祸首，神州还属汉家郎。

注释

①选自薛新力、蒲健夫主编《巴蜀近代诗词选》，重庆出版社2003年版。彭世融，字仿陶，重庆铜梁人。约生于清光绪年间，卒于1949年稍前。清末留学日本，曾加入同盟会。辛亥革命后，一度为官，后又从军。抗战后期曾在重庆正谊中学教书。有1947年刻本《香云山馆诗抄》。

②"一片"句，谓日本投降，盟军占领东京。龙战：本谓阴阳二气交战，《易·坤》："上六，龙战于野，其血玄黄。"后喻指群雄争夺天下，这里指中国军民抗击日本侵略军。

③一丸：指1945年8月6日和9日，美国在日本广岛、长崎投掷的原子弹。鹊舍鸠居：喻指日本侵略中国。

沙坪坝闻日寇投降[①]

顾毓琇

抛却诗囊曾几时，惊人消息耐人思。

八年涕泪愁何在，万里江山梦亦疑。

犹喜童心闻捷报，敢忘慈训误归期。

明朝巴峡楼船下，长跪萱闱诉别离[②]。

1945年重庆

注释

①选自《顾毓琇诗选》，学林出版社1986年1月第1版。顾毓琇（1902~2002），字一樵，江苏无锡人。曾任浙江大学、清华大学等校教授，中央大学校长。后赴美国任麻省理工学院、宾夕法尼亚大学等校教授。有《顾一樵全集》。

②萱闱：犹萱堂。指母亲。

攻倭战止喜赋①

王白与

九载仇尤一夕倾，如荼如火动呼声②。
促降议肇波茨坦，奏凯功收斯大林③。
祚鼎西迁谁谕蜀，楼船东去已收京④。
永嘉多少流亡客，漫卷诗书梦太平⑤。

注释

①选自《重庆爱国民主人士诗词精选》，重庆出版社2011年版。王白与（1902~1949），四川蓬安人。曾任刘湘21军政治部宣传科长，四川省政府编译室主任兼川康绥靖公署军官研究班政治部主任。1948年加入民革，任民革川康负责人，做上层统战工作。1949年8月因特务告密被捕，11月7日殉难于重庆白公馆。

②"九载"，指从1937年7月7日卢沟桥事变，到1945年8月15日日本宣布无条件投降，历时8年1月又8天，举其成数为"九载"。

③"促降"句指敦促日本投降的《波茨坦公告》，"奏凯"句指苏联出兵对日作战。肇，开始，初始。

④"祚鼎"句指1937年11月《国民政府移驻重庆宣言》发表，迁都重庆，"楼船"句谓1946年5月5日《还都令》发表，国民政府还都南京。祚鼎，即鼎祚，犹国祚，国运，此处指首都。

⑤流亡客：泛指随国民政府西迁流亡四川的官员与民众。永嘉是晋怀帝司马炽的年号（公元307~313年）。永嘉四年，前赵将领刘曜、石勒率部攻掠河南、湖北。次年，在河南鹿邑击败晋军主力，晋军死者10余万人。同年攻陷洛阳，纵兵屠杀焚掠。西晋公卿多死难，官民大量南逃，史称"永嘉南渡"。

凯歌八首（选二）①

黄咏雩

挽得明河洗战痕，凯歌差慰鬼雄魂②。
只今四国移天罚，不待三商见日昏③。
李昊已修降伏表，晋安爰示罢兵幡④。
挺身豺吻狼牙际，吾戴吾头入国门。

九年凿疏总胼胝，重睹山河禹甸之⑤。
足食足兵加庶教，唯精唯一济微危⑥。
寇来膏血肥吾土，痛定疮痍待众医。
试上春台望京国，康衢歌舞似当时⑦。

1945年

注释

①选自《天蝱楼诗文集》，花城出版社1999年7月版。原诗共八首，选第二、四首。黄咏雩（1902~1975），名肇沂，字咏雩，号芋园，广东南海人。1935年当选广东省商会联合会首任主席。有《天蝱楼诗文集》《芋园诗稿》《天蝱词》等。

②明河：天河、银河。杜甫《洗兵马》："安得壮士挽天河，净洗甲兵长不用。"洗甲兵，传说武王伐纣，遇大雨，武王曰："此天洗甲兵。"

③商：通"商"（dī），即滴。古代用漏刻计算时间，叫作

"商"。三商也就是三刻。"日昏",喻指日本战败。

④降伏表:降表,请求投降的表文。李昊(约公元891～965年),字穹佐。前蜀时任翰林学士,后蜀后主时任宰相,入北宋,为工部尚书。前蜀投降后唐,后蜀降附北宋,其降表都是由李昊撰写的。《新五代史·后蜀世家·孟昶》:"昊事王衍为翰林学士,衍之亡也,昊为草降表,至是又草焉,蜀人夜表其门曰'世修降表李家',当时传以为笑。"本句指裕仁天皇宣布投降。"晋安"句,晋安帝司马曜,字德宗,隆安元年(公元397年),兖州刺史王恭等以讨伐尚书左仆射王国宝、建威将军王绪为名兴兵,朝廷杀王国宝和王绪,王恭罢兵。隐指应惩办战犯。爱:于是。

⑤胼胝(zhī):茧。禹甸:禹所垦辟之地,指中国。传说大禹治水,胼首胝足。

⑥"足食"二句:谓中国人民坚持抗战,终获胜利。《论语·颜渊》:"子贡问政。子曰:足食,足兵,民信之矣。"《尚书·大禹谟》:"人心惟危,道心惟微,惟精惟一,允执厥中。"

⑦康衢歌舞:指太平景象。康衢,康庄大道。《列子》载相传为尧帝时的歌曲《康衢谣》:"立我烝民,莫非尔极。不识不知,顺帝之则。"

破阵乐·邻寇降伏，距跃歌舞，不可无词，因抚乐章斯调，以鸣欢臆①

黄咏雩

血沟激橹，硝烟泼墨，雷动风扫。见说虾夷挠败，便转瞬、如摧枯槁②。豚犬笼东，貔狮逐北，破巢直捣③。似当时、帝子高阳战，笑共工、头撼不周山倒④。更问麻姑，海桑几度，扬尘蓬岛⑤。　　谁道跋扈修鳞，跳梁捷足，偏好勇、长可保⑥。自古穷兵原是祸，覆辙有人还蹈⑦。叹兴亡、犹朝暮，天荒地老⑧。且看旌旗霞蔚，破阵铙歌，还京鼓乐，欢声腾沸⑨。若个降表先修，又烦李昊。

乙酉，1945年

注释

①选自黄咏雩著《天蠁词》，中国艺术出版社（香港）2007年6月版。

②虾夷：亦作"虾蛦"。对日本侵略者的蔑称。原指日本古时北方原住民。其人多毛及须髯、颡高、眼凹、鼻尖、肤色浅棕，居住在本州东北奥羽、北陆地方。一般认为北海道阿伊努人即其后裔。《新唐书·东夷传·日本》："明年，使者与虾蛦人偕朝。虾蛦亦居海岛中，其使者须长四尺许，珥箭于首，令人戴瓠立数十步，射无不中。"

③豚犬：猪和狗。喻指日本侵略军队。笼东：犹东笼。形容军队

战败后狼狈逃窜的样子。《荀子·议兵》："圜居而方止，则若盘石然，触之者角摧，案角鹿埵、陇种、东笼而退耳。"杨倞注："其义未详，盖皆摧败披靡之貌。"貔狮：两种猛兽，喻指我国强大的军队。逐北：追击败兵。《庄子·则阳》："时相与争地而战，伏尸数万，逐北，旬有五日而后反。"陆德明释文："军走曰北。"

④帝子高阳战：共工与颛顼之战。颛顼有天下，号高阳。《史记·五帝本纪》："帝颛顼高阳者，黄帝之孙而昌意之子也。"共工：古代传说中的天神，人面蛇身，尝与颛顼争为帝，事败。《淮南子·天文训》："昔者共工与颛顼争为帝，怒而触不周之山，天柱折，地维绝。天倾西北，故日月星辰移焉；地不满东南，故水潦尘埃归焉。"

⑤麻姑：神话中仙女名。晋葛洪《神仙传·麻姑》："麻姑自说云：'接侍以来，已见东海三为桑田，向到蓬莱，水又浅于往者，会时略半也，岂将复还为陵陆乎？'方平笑曰：'圣人皆言海中复扬尘也。'"后用为世事变迁之典。

⑥跋扈修鳞：喻指日本侵略者。跋扈：骄横，强暴。修鳞：指蛇。唐杜甫《义鹘行》："修鳞脱远枝，巨颡拆老拳。"

⑦穷兵：滥用武力。银雀山汉墓竹简《孙膑兵法·威王问》："用兵无备者伤，穷兵者亡。"《史记·平津侯主父列传》："秦贵为天子，富有天下，灭世绝祀者，穷兵之祸也。"覆辙：翻车的轨迹。比喻招致失败的教训。语出《后汉书·范升传》："今动与时戾，事与道反，驰骛覆车之辙，探汤败事之后，后出益可怪，晚发愈可惧耳。"

⑧天荒地老：极言历时久远。唐李贺《致酒行》："吾闻马周昔作新丰客，天荒地老无人识。"

⑨霞蔚：鲜明华美貌。《艺文类聚》卷五三引北齐邢劭《为李卫军疾以国子祭酒让东平王表》："斧藻川流，雕篆霞蔚。"破阵：击破敌阵。铙歌：军中乐歌。传说黄帝、岐伯所作。汉乐府中属鼓吹曲。马上奏之，用以激励士气。也用于大驾出行和宴享功臣以及奏凯班师。鼓乐：击鼓和奏乐。《孟子·梁惠王下》："今王鼓乐于此，百姓闻王钟鼓之声，管籥之音。"

大酺·秋日闻凯，置酒相贺，欣然继声①

黄咏雩

看烈风收，狂涛靖，横海鲸鲵先戮②。蓬莱清浅处，且扬尘东海，乍移陵谷③。狼子烽消，驺虞幡示，威矢已收殊俗④。陈抟方大笑，算人天安定，我犹观复⑤。有北垔云虹，南山雾豹，媚兹幽独⑥。　　兴亡弹指速。问谁悟、痴梦迷蕉鹿⑦。待说与、修罗藕孔，竺法池灰，古今来、几番棋局⑧。信否人间世，最可哀、武夷仙曲。遣愁去，杯相属。康衢歌舞，依旧清平丝竹。泰阶又明玉烛⑨。

乙酉，1945年

注释

①选自黄咏雩著《天蝥词》，中国艺术出版社（香港）2007年6月版。酺（pú）：欢聚饮酒。旧指国有喜庆，帝赐臣民聚会饮酒。邵祖平有《同盟胜利大酺三日》诗。

②鲸鲵：即鲸。雄曰鲸，雌曰鲵。比喻凶恶的敌人。《左传·宣公十二年》："古者明王伐不敬，取其鲸鲵而封之，以为大戮。"杜预注："鲸鲵，大鱼名，以喻不义之人吞食小国。"横海：横行海上。

③陵谷：《诗·小雅·十月之交》："高岸为谷，深谷为陵。"比喻自然界或世事巨变。

④狼子：狼崽子。比喻凶暴狠毒的人。《三国志·蜀志·关羽传》："斩羽及子平于临沮。"裴松之注引晋王隐《蜀记》："权欲

活羽以敌刘、曹，左右曰：'狼子不可养，后必为害。曹公不即除之，自取大患，乃议徙都。今岂可生！'乃斩之。"驺虞幡：一种绘有驺虞（古代神话中的仁兽）图形的旗帜，用以传旨解兵。《晋书·楚王玮传》："会天明，帝用张华计，遣殿中将军王宫赍驺虞幡麾众曰：'楚王矫诏。'众皆释杖而走。"

⑤陈抟方大笑：意指天下太平。宋邵伯温《易学辨惑》云："抟隐居华山。……一日乘驴游华阴市，闻太祖登极，大笑。问其故，曰：'天下自此定矣。'"观复：不论万物如何变化多端，终会回归根本。《老子》："致虚极，守静笃，万物并作，吾以观复。"二者均指战争结束，预示天下安定。

⑥有北：北方寒冷荒凉的地区。有，词头。《诗·小雅·巷伯》："取彼谮人，投畀豺虎。豺虎不食，投畀有北。"朱熹集传："北，北方寒凉不毛之地也。"南山雾：比喻隐居之处。汉刘向《列女传·陶答子妻》："妾闻南山有玄豹，雾雨七日而不下食者，何也？欲以泽其毛而成文章也。故藏而远害。犬彘不择食以肥其身，生而须死耳。"后因以"南山豹"比喻隐居伏处、爱惜其身，有所不为的人。

⑦《列子·周穆王》："郑人有薪于野者，遇骇鹿，御而击之，毙之。恐人见之也，遽而藏诸隍中，覆之以蕉，不胜其喜。俄而遗其所藏之处，遂以为梦焉。"蕉，通"樵"。后以"蕉鹿"指梦幻。

⑧修罗：梵语Asura的译音，"阿修罗"的省称。意译为"不端正"或"非天"，是古印度神话中的一种恶神，住在海底，常与天神战斗。竺法：佛法。池灰：《三辅黄图·池沼》："武帝初穿池得黑土。帝问东方朔，东方朔曰：'西域胡人知。'乃问胡人，胡人曰：'劫烧之馀灰也。'"后因以"池灰"指兵火毁坏后的残迹。棋局：喻世局。

⑨泰阶：古星座名。即三台。上台、中台、下台共六星，两两并排而斜上，如阶梯，故名。《汉书·东方朔传》："愿陈《泰阶六符》以观天变。"常借指朝廷。唐贾至《闲居秋怀寄阳翟陆赞府封丘高少府》诗："信矣草创时，泰阶速贤良。"玉烛：谓四时之气和畅。形容太平盛世。《尔雅·释天》："四气和谓之玉烛。"

乙酉八月十一日我国全面胜利喜书①

陈小翠

爆竹声中噩梦回，十年初见笑颜开。

狂风暴雨重重去，霁月风光苒苒来。

注释

①选自陈小翠著《翠楼吟草》，黄山书社2010年版。陈小翠（1902~1968），又名翠娜，别署翠吟楼主，斋名翠楼，浙江杭县人。擅长国画，十三岁即能诗，有神童之称，后从杨士猷、冯超然学画。遗著《翠楼吟草》，收诗、词、曲共二十卷。

齐天乐①

陈小翠

十年不到西泠路，湖山与人俱老。卧柳桥荒，围花燕散，中有断魂多少。丁帘悄悄。尚想象檀槽，旧家欢笑②。独立苍茫，故乡今日太平了③。　　　　凄凉千尺华表。自疑丁令鹤，归来凭吊④。七国兴亡，万家涕泪，不是寻常诗料。翠堤初晓。甚寒雾濛濛，余威犹恼。何日春晴，画船重放棹。

注释

①选自陈小翠著《翠楼吟草》，黄山书社2010年版。
②檀槽：谓以紫檀木制成的筝琶琴琵等弦乐器上的槽格。也指琵琶等乐器。
③自注：乱后五六年中，吾父吾母相继死于患难，次弟病狂，一家数十口，风流云散矣。
④丁令鹤：用辽东丁令威化鹤归里的传说以自况。《搜神后记》卷一："丁令威，本辽东人，学道于虚灵山，后化鹤归辽，集城门华表柱。时有少年举弓欲射之，鹤乃飞，徘徊空中而言曰：'有鸟有鸟丁令威，去家千年今始归，城廓如故人民非，何不学仙——冢累累！'遂高上冲天。"

临海寓所得悉日本投降狂喜赋此[①]

王惟敏

连鸣爆竹一何狂，报道今宵敌已降。

八载抗争舒正气，九州欢跃庆重光。

扬眉欲饮胡仇血，瞩目忍看大地疮。

收拾残棋归战马，山城急待复农桑。

注释

①选自王惟敏著《白水吟稿》，出版项不详。王惟敏（约1902~？），浙江奉化县人。抗日战争爆发前夕，任职于奉化地方银行。毛翼虎《白水集序》称"今年值王君九十大庆，其后辈为其刊印《白水吟稿》选集作纪念，洵为诗坛又一盛事"，序作于1991年1月，上推知其生于1902年。

胜利史诗十七首（选三）①

黄长直

故国西风古北平，黯然歌舞一宵惊。
无恙河山归故主，筹边犹有旧长城。

太行犄角是中条，浩气千年郁未消。
峻岭崇山生死路，骄酋入瓮岂能逃。

忍垢含羞四十年，版图今日复台湾。
故老相逢思祖国，盈盈一水望江南。

注释

①选自黄长直著《播种集》，新华文化事业有限公司2004年10月版。原诗十七首，选第二、第十、第十五首，分咏北平、中条山会战和收回台湾。黄长直（1903~1960），四川华阳（今成都市）人。抗战期间，执教于成都女子师范学校和绵阳师范学校。遗著有诗文合集《播种集》。

快哉此夜行①

柯尧放

长崎广岛鬼烂中，红骑突起如飘风。
战与降与意憧憧，万目交眺扶桑东。
五日倭倩语未终，山楼已见月一弓。
主人倾耳疑其聪，似闻爆竿喧四墉②。
须臾邻曲詨詾詾，倭奴投降声戡空。
飞捷若聆甘泉宫，喜极有客泪冲瀜。
出门展步笑龙钟，九衢人涛腾千重。
啸歌撼地驱丰隆，飞谍翻空若旋蓬③。
中西战友快而雄，或相徊舞或呼嵩。
或标杰语驰朱辀，城北城西炎风冲。
攀辀狂杀三尺童，万旗飘飘射日红。
银镫烛天交长虹。白龙池畔如花丛④。
邂逅李侯惊殊容，手携稚子乐融融。
纵酒还乡与人同，口若峨嵋泻春洪。
草堂吾将拜杜公，北出秦岭开心胸。
归谒二陵掬其衷，八年重见钟山峰。
杰哉千古一蟠龙，凤凰台上草蓬茸。
故居长借吴云封，南埭北湖寻前踪。
六朝烟水秋蒙蒙，君何日来洗诗筒⑤。

李侯妙绪抽亡穷，吾亦感此申欢宗。

大德曰生天所钟，彼何心哉穷战攻⑥。

豹声虎吻狂且蠢，欲壑难以九有充。

死而后生孰之功，口碑煁煁歌止戎。

危疑群魅惑盲聋，独以神断摧奸锋。

兆民赴义输公忠，得道卒要天下从。

翦除暴乱夸诸凶，取彼元憝投樊笼。

屈膝俯首心征忪，日已落矣空悲恫。

七十八年逝匆匆，樱花羞对岁寒松。

八殒卧鼓收罐烽，王师大献告列宗。

黔黎披心属百工，快哉洪业安熙雍。

白泉余兴高飞翀，趦趄不闻丙夜钟。

万钱买醉思新丰，快哉此夜千载逢。

1945年8月15日夜

附记： 此诗曾刊于1945年8月《重庆闻受降捷报唱和集》之单页，今已绝版难见。编选者按：由刘泗英辑，一作《陪都闻捷胜利唱和诗》，曾付铅印。

注释

①选自中国人民政治协商会议重庆市委员会文史资料委员会编《重庆文史资料》第43辑《纪念抗日战争50周年专辑》，西南师范大学出版社1995年8月第1版。柯尧放（1904~1965），名大经。四川璧山县

人（今属重庆市）。民国时期任重庆市商会秘书长，重庆市参议会秘书长。《西风》主任编辑，《东方日报》主笔，《合川商报》总编辑，《商务日报》主笔等。抗战期间，参加章士钊、沈尹默等在重庆发起的饮河诗社，主要社友有乔大壮、沙孟海、陈匪石、江庸、潘伯鹰、许伯建、李春坪等约二十人。并踵武南社，结西社。解放后，任重庆市临时治安委员会秘书长，重庆市工商联合会秘书长，重庆市政协副秘书长。一度以新诗和传统诗活跃于重庆诗坛。著有《飞清楼诗词》。

②"爆竿"，疑当为"爆竹"。

③"飞谍"，疑当为"飞碟"。

④李侯，饮河诗社社友李春坪，南京人。研究杜甫，有《少陵新谱》等。

⑤"筒"，原作"简"，不韵，形近致误，径改。

⑥"曰"，原作"日"，形近致误。据《易·系辞传》"天地之大德曰生"改。

点绛唇·八月十日夜闻倭请降^①

卢前

倭已投降,半张号外分明见。相看色变。大字灯前眩。　　喜极翻疑,泪满慈亲面。闲庭院。儿欢女忭。鞭爆声成片。

注释

①选自《卢前诗词曲选》,中华书局2005年版。卢前(1905~1951),字冀野,别署饮虹,江苏江宁人,受聘各大学教职,并任国民政府参议员。著有《饮虹五种》《楚风烈》《明清戏曲史》《中国戏曲概论》等。《中兴鼓吹》一集,为罕见抗战词之专集。

北正宫·叨叨令·秋夜偶书荫浏为订谱付歌者

卢前

莽烽烟满目担惊怕，饱艰辛说不尽流亡话。谁料得八年一旦功成乍，从头起思量多少堪悲诧。兀的不笑杀人也么哥，兀的不乐杀人也么哥，今日个凯歌声里人东下。

注释

①选自《卢前诗词曲选》，中华书局 2005年版。

闻罢兵受降喜而有作四首（存三）[①]

施蛰存

薄醉方酣睡，喧呼搅梦思。
忽闻稚子语，已是罢兵时。
推枕犹难信，巡街始不疑。
并将羁旅恨，一笑展双眉。

仁者终无敌，王师遂格夷。
八年张庚气，一夕竖降旗。
破国嗟何及，凶虚悔已迟。
维新趋左计，黩武亦奚为。

东晋兼南宋，何曾胜此棋。
九州昌禹甸，百姓解戎衣。
天步艰方尽，鹰扬会有时。
喜心和泪眼，感激抚疮痍。

注释

①选自《施蛰存全集》第10卷《北山诗文丛编》，华东师范大学出版社2012年6月版。原书仅存三首。施蛰存（1905~2003），名德普，华东师范大学中文系教授。1937年以前，除担任编辑外，主要创作短篇小

说、诗歌及翻译外国文学。抗日战争期间进行散文创作。1950年至1958年期间，主要翻译外国文学作品。1958年以后，致力于古典文学和碑版文物的研究工作。1993年被授予"上海市文学艺术杰出贡献奖"。

抗战胜利感赋五首（选二）①

萨福简

八载烽烟息，东夷祸告平。
电机宣捷讯，爆竹震雷声。
死事逾千万，受降返百城②。
台澎完璧在，邦国庆新生。

弭乱归闲话，伤心梦一回。
生灵微似蚁，城郭剩余灰。
破碎期重建，修明待未来。
解推庸可缓，薧目有余哀③！

注释

①选自福建省少数民族古籍丛书编委会编《福建少数民族古籍丛书·蒙古族卷》，海风出版社2007年12月版。这里选的是第一、四首。萨福简（1906~1989），字迪廷，号伯篆。福建人。历任福州社会福利科科长等。有《春晖寸草记》纪念其母，著有《记闽海抗日战争片段和部分忠烈事绩》。晚岁退闲，名所居之楼为止止。

②据罗正楷《中国共产党大典》等统计，抗日战争期间，中国军民伤亡在3500万人以上。

③解推："解衣推食"的省称。把穿着的衣服脱下给人穿，把正在吃的食物给人吃。形容对人的热切关怀。《史记·淮阴侯列传》："汉王授我上将军印，予我数万众，解衣衣我，推食食我。" 薧目：应作"蒿目"，极目远望。即蒿目时艰，对时事忧虑不安之意。《庄子·骈拇》："今世之仁人，蒿目而忧世之患。"

醉高歌八首，抗战胜利日作（选四）①

王季思

　　家家痛饮连宵，处处高歌达晓。头颅照镜依然好，四十男儿未老。

　　桥头驰骤兵车，桥上横飞战血。二十九军何处也，依旧卢沟晓月。

　　征人塞北关西，思妇星前月底。八年多少辛酸泪，今日都应破涕。

　　全国还须振作，内战切休挑拨。你的我的争什么？民族原来一个。

注释

　　①选自《王季思诗词录》，浙江人民出版社1981年版。原作共八首，选第一、二、六、七首。王季思（1906~1996），原名起，浙江永嘉人。曾任中山大学教授，中国韵文学会会长。著有《玉轮轩曲论》《玉轮轩古典文学论集》《王季思诗词录》等，结集为《王季思全集》。

玉楼春·新历八月十日感事有作（四首选三）①

刘永济

瑶台昨夜传银电，芳事依稀知近远。擘开紫荫苦深含，抽尽红蕉心未展。　　嬉春秀縠轻雷转，尽载笙歌归别院。馀音闲袅落花风，迤逗新愁人不见。

银屏一曲天涯似，谁遣青鸾通锦字②。零红断粉总愁根，忍作东风行乐地。　　十年冉冉无穷事，似影如尘浑不记。劝君一盏碧葡萄，中有红绡千点泪。

青山缺处平芜远，不见江南芳草岸。待凭春水送归舟，还恐归期同电幻。　　愁情久似春云乱，谁信言愁情已倦。风池水皱底干卿，枉费龙琶金凤管。

注释

①选自《刘永济词集》，湖南人民出版社1984年版。题后小注云"日本投降，战事结束"。原作共四首，这里选的是第一、二、四首。刘永济(1887~1966) 字弘度，湖南新宁人。1916年毕业于清华大学语文系。历任长沙中学教师、沈阳东北大学教授、武昌武汉大学教授兼文学院院长、浙江大学、湖南大学及武汉大学语文系教授。建国后，任湖南文联副主席、中国作家协会武汉分会理事。著有《文学论》《十四朝文学要略》《文心雕龙校释》等。

②青鸾，当作青鸟使解。锦字：前秦窦滔，镇襄阳，与其妻苏蕙绝音间。苏因织锦为回文诗寄滔。滔览锦字，感其妙绝，乃具车迎苏。后衍作家书。

抗战胜利交通梗阻感赋[①]

宛敏灏

小镇争传复九州，欲归无计转增愁。

杞忧未解天倾虑，国事依然肉血谋。

流落黎民江上望，升腾鸡犬太空游。

一樽且买他乡醉，俯仰人间浩荡秋。

1945年秋 四川江津白沙镇

注释

①选自杨子才编注《民国六百家诗钞》，长征出版社2009年10月版。宛敏灏（1906~1994），字书城，号晚晴。安徽省庐江人。安徽师范大学教授。精于词学，有《晚晴轩诗词稿》。

"八一五"日本投降感赋①

华锺彦

一闻捷报动乾坤，狂喜惊心见泪痕。

惩暴方知天有眼，藏奸应恐地无门。

也因夜雨添诗兴，好对秋花倒酒樽。

无怪妻孥挤共醉，十年酸苦敢轻论！

1945年秋

注释

①选自《华锺彦文集》，河南大学出版社2009年5月版。华钟彦（1906～1988），辽宁沈阳人。河南大学中文系教授。著有《花间集注》《莳蘅吟馆诗词》，主编《五四以来诗词选》等。自言曾有诗词2000余首，绝大部分毁于丙午（1960年）浩劫。《华钟彦文集》仅收诗词500余首。

日寇投降见敌司令部门卫感赋^①

杜兰亭

谁实为之焉致之？二陵风雨恨如丝。

及瓜久负家山梦，问鼎应非下士知。

八载驰驱成蹙国，九原恸哭见降旗。

尔曹未化长平土，卖剑买牛此一时。

1945年8月

注释

①选自杨子才编注《民国六百家诗钞》，长征出版社2009年10月版。杜兰亭（1906~1997），字水因，江苏无锡人。曾为上海工商访问局职员，抗战期间，入上海新华信托储蓄银行总行司笔札。1949年后，在上海市房地产管理局做史料编研工作。有《饮河轩诗词稿》。

盟军胜利日本投降二首[1]

刘克生

八年边衅起卢沟，一夕争传靖寇仇。
战马狂嘶辽岭月，归鸿远带秣陵秋。
雄关浩气连天涌，逝水欢声拍岸流。
斫地高歌情热烈，樽前含笑拭吴钩。

同仇竞扼虎狼骄，百万雄师夜渡辽。
塞月荒凉云漠漠，边风凄劲草萧萧。
樱花泪溅红羊劫，爆竹声喧白马潮。
还我河山人鼓舞，海天兵气一时销。

注释

①选自《刘克生诗词钞》，天地出版社2000年10月版。刘克生
（1907~2008），四川乐至县人。肄业于成都国学院，先后任乐至中
学、私立钦仁中学教师，乐至县政协委员兼文史委员会副主任，《乐至
县志》副总编。有《石缘阁诗文词联丛稿》《刘克生诗钞》等。

胜利歌[①]

杜衡

严鼓嘈奏欢称觞，　鞭炮叠响旗飞扬。

万岁呼祝声崩梁，　日皇修表降四强。

袒膊系颈愁牵羊，　天声人语传报章。

轩辕有灵绥橹枪，　将士虎贲称龙骧。

功让访美昭仪娘，　齐盟晋霸援一匡。

开罗协议联疆防，　美军参观机翱翔。

原子两弹倭魂伤，　胜利受降扬国光。

反顾内治真茫茫，　养俘百万徒饲蝗。

满途饿殍灾田荒，　收点坏械还劫粮。

九年血债无取偿，　老翁惊喜忧徜徉。

守国望勿忘纲常，　百足之虫防不僵。

1945年9月

注释

① 选自杜衡著《剑璧楼诗纂》，广州诗学社1949年3月第1版。杜衡(1907～1964)，字湘俊，广东三水人。早年毕业于日本早稻田大学政治经济科，为梁启超入室弟子。曾在北洋政府任职，直奉战争时离开北京。1930年应第十三军军长兼武汉警备司令夏斗寅之聘入幕。抗战期间，在国民党广东省政府任职。

喜闻日寇投降二首^①

李霁野

爆竹声传敌投降，涕流万事似忽忘。
新诗一笑成陈迹，疑信平分未敢狂。

朦胧复作还乡梦，消息频频疑是空。
万顷心波无限意，悲欢轮替一重重。

一九四五年

注释

①选自《李霁野文集》第3集，百花文艺出版社2004年版。李霁野（1907~1994），安徽霍邱人。翻译家。历任河北天津女师学院、辅仁大学、台湾大学外语系教授、系主任，南开大学外语系名誉主任，天津市文化局局长，天津市文联主席等。

虞美人·喜闻日寇请降①

王沂暖

威弧已射天狼死，佳讯传今夕。满城竹爆一声声，为看万人空巷底心情。　　十年琐尾真春梦，泪与狂欢并。秋风送我好还乡，漫卷诗书一舸下瞿塘。

1945年

注释

① 选自《王沂暖诗词选》，青海人民出版社1987年版。王沂暖（1907~1998），吉林九台人，西北民族学院教授。著有《春沐诗词草》《王沂暖诗词选》。

闻胜有感 并叙①

萧军

　　胜讯初传，浑如梦境，似悲似喜，以惧以忧，万情交纵，哭笑难成！溯忆八年抗战以来，费却多少人民英雄鲜血，始获此"初果"！惜敌氛犹未全戡，而萁豆之煎，却正沸沸也！瞻往瞻来，能无忧惧？夜深难入睡，披衣执笔，诗初成，而东天已破晓矣！
　　1945年8月18日晨于延安桥儿沟"鲁艺"东山上。

惊讯

胜利秋风战马骄，旌旗影动闪枪刀！
漫夸铁甲师无敌，直捣黄龙路匪遥②。
行见金汤成败垒，窃怜覆卵碎完巢③！
惊闻捷报浑如梦，痴立山头看火烧④。

萁豆悲

血战连年四海昏，谁将只手拯元元？
忠奸自古明水火，龙虎由来际风云。
萁豆相煎悲有迹，情亲奴主掩无文⑤。
如荼往事应犹忆，殷鉴垂垂何太真⑥！

注释

①选自《萧军全集》，华夏出版社2008年版。萧军(1907~1988)．原名刘鸿霖，曾用名刘吟飞等。笔名萧军、田军等。奉天义县人。满族。有长篇小说《八月的乡村》。

②原注："日寇自矜，雄师无敌。"

③原注："日寇曾自夸满洲设防如何坚固。"

④原注："胜利之夜，延安各个山腰、山头窑洞前，纷纷燃起高尚的野火。十余里相望不绝；各学校、机关通夜举行狂欢跳舞晚会，有人痛哭失声，有人狂笑若痴，有人因兴奋过度而晕倒。余痴立山头，恍如梦境。"

⑤原注："国民党反动派蒋介石等，曾在抗战中与敌人勾结故无虚日也！"

⑥原注："指武王伐纣故事。" 按，"应犹忆"后，原有括注"难忘"二字。

喜闻日寇投降[①]

郝树侯

寇降消息忽传来，万姓欢呼笑眼开。

八载跳梁留浩叹，一朝屈膝耻馀哀。

燕寻旧屋新巢筑，月映秋霜旅雁回。

寄语邦人齐努力，好教黎庶乐春台。

1945年8月

注释

①选自降大任、张成德编《唐风集》，北岳文艺出版社1986年8月第1版。郝树侯（1907~？ ），山西省定襄县人。曾任山西大学历史系教授。著有《中国历史要籍介绍及选读》（与班书阁合作）、《元好问诗选》《傅山传》等。

乙酉八月二十七日书感五十韵①

吴世昌

举首望边疆，低头思故乡。

边疆不可望，一念摧肝肠。

故乡频梦到，触目生悲凉。

江南佳丽地，但见蓬蒿长。

烽火八年余，乾坤百战场。

侏儒饱欲死，黔首血玄黄。

半壁山河在，笙歌殊未央。

宁知辇毂下，白骨堆路旁。

党锢矜严密，国是徒参商。

坐看民力疲，将伯呼盟邦。

梯航来万里，星旆越重洋。

列舰成洲屿，飞垒蔽骄阳②。

双丸落海市，遂令虏胆丧③。

而我星槎使，御风迳大荒④。

不待秦庭哭，雄师起朔方⑤。

顽寇惧聚歼，降表出倭皇。

薄海欢声动，兆民喜若狂。

乍听翻疑梦，不觉泪淋浪。

垂泪还相贺，禹甸今重光。

纷纭办车舟，颠倒著衣裳。

痴儿娇无那，催母理行装。

呼儿披舆图，关河若金汤。

西北探昆仑，中原觅太行。

儿家在何许？谈笑指苏杭。

美哉吾中华，宛如秋海棠。

祖宗所缔造，艰苦亦备尝。

从今好经护，国祚驾汉唐。

况以管霍才⑥，折冲筹边防。

帷幄擅胜算，兼可弭阋墙⑦。

金券与玉牒，庙谟何辉煌。

一朝庆露布，行见失蒙藏⑧。

百寮善颂祷，稽首齐对扬：

辽东久阢隉，脔割任虎狼⑨，

塞北非吾土，得失庸何伤⑩？

辱国浑闲事，弹冠且称觞。

乡校绝舆论，谄谀恣嚣张⑪，

战胜金瓯缺，犹自夸"四强"。

谁怜茕茕者，闻此转迷茫。

欢泪尚承睫，辛酸已夺眶。

匹夫情怀恶，竟夕起彷徨。

忆昔欧战初，国步正踉跄。

大憨谋窃国，岛夷肆披猖⑫。

五载干戈戢，乃教密约彰。

众怒不可遏，巨吼发上庠。

大义照日月，举世震光芒。

万邦订和议，我独拒签章。

荏苒廿六年，国事如蜩螗。

于今号"训政"，民意日消亡。

所嗟无寸柄，袖手阅沧桑。

跋

右《乙酉八月二十七日书感五十韵》，作于抗日战时之陪都重庆。所咏之事，虽举国悲愤，而噤若寒蝉。盖国人方以对倭胜利之虚骄，掩其丧权辱国之奇耻。外慑强邻，内忧阋墙。吞声之泣，世不可闻。越三十又七年，乃见故清华大学教授义宁陈公寅恪之《寒柳堂集诗存》中，有题与拙作不谋而同，曰：乙酉八月二十七日阅报作。余乍见而触目惊心，读竟则悲不自胜。呜呼！茫茫禹甸，蔼蔼神州，望边州而饮恨，揽舆图而殷忧者，岂独仆与陈公二人而已哉！陈诗为五律，附录如下：

目闭万方愁，蛙声总未休。乍传降岛国，连报失边州。大乱机先伏，吾生命不犹。可怜卅载后，仍苦说刀头。

1945年8月26日作于重庆

注释

①选自《罗音室诗词存稿》（增补本），见吴世昌著、吴令华编《吴世昌全集》第11册，河北教育出版社2003年1月第1版。吴世昌

（1908~1986），字子臧，浙江省海宁硖石人。曾任职于中国社会科学院文学所，词学家、红学家。

②当时美国重轰炸机称为飞行堡垒。

③美国以二原子弹投于日本广岛及长崎。

④宋子文飞苏联议中苏条约。

⑤苏联对日宣战向我东北出兵。

⑥蒋氏外戚孔祥熙宋子文迭掌财政外交。史称管仲分财，每多自取。霍光传赞，史臣讥其不学无术，暗于大理。以比孔宋，殆不相远。

⑦蒋氏欲借斯大林以制中共。

⑧蒋氏是日宣布雅尔达密约，逼我许外蒙独立，并云将来西藏亦当使其独立。以蒙赂俄，以藏饵英，冀藉外力，以固其权位。

⑨旅顺大连二港，光绪二十四年清廷租于帝俄，为期二十五年。日俄战后为日本所占，改东清铁路为南满路。九一八事变后，日占东北三省。雅尔达密约又许苏联强占旅大两港及中长铁路三十年。

⑩傅斯年在渝报著论，谓外蒙各盟本非吾土。其无耻媚蒋如此，蒋遂以傅为北京大学代理校长。

⑪时重庆各报，莫不阿谀《中苏新约》。惟不佞在《时事新报》撰文，斥为丧权辱国。题下引丘逢甲诗曰："四万万人同一哭，去年今日割台湾。"

⑫袁世凯自立为帝。日本迫袁签订卖国之二十一条密约以易日本对袁帝制之承认。

鹧鸪天·闻日寇乞降三首（选二）①

胡国瑞

一夕欢声彻九霄。竞传瀛海服天骄。喜看金镜残仍合，欲挽银河势尚遥。　　觺马首，白乌毛。百年好景恰今朝②。可怜多少苌弘血，滴遍神州碧未消。

肠断千家尚哭声。愁听歌舞动严城。都怜捷信来天外，谁念冤魂郁九京？　　思宛转，泪纵横。劫灰飞尽岁峥嵘。灵根玉树无消息，回首沧江一梦惊。

注释

①选自刘梦芙《二十世纪中华词选》，黄山书社2008年版。胡国瑞（1908~1998），湖北当阳人，武汉大学中文系教授，文学史家。
②觺（yí）：（兽角）尖锐的样子。

抗战胜利十咏（选二）[1]

王正益

　　七七抗战，九度年华，由民国二十六年七月七日，至三十四年九月二日（农历七月初七日），念国势之累卵，板荡不安。生灵涂炭，转乎沟壑。河山半壁，流亡何处。田园村舍，尽成丘墟。姻亲骨肉，多毁炮火。幸国策既定，主持有方。仰盟友协力直捣黄龙。倭寇三岛，遍插降旗。联防六军，同登彼岸。歃血为盟，从此世界和平，铁案成章。张公理之永铸。爰成十咏，庆祝胜利。

一出雄兵敌胆寒，雷轰三岛世人欢。

泰山压顶无全卵，长者折枝不畏难。

唐代征东循旧迹，明平倭寇大将坛。

乾坤论定四分鼎，指日永沉珠落盘。

兵征三岛世人惊，一片降旌出帝京。

罪首诏和屈膝拜，祸先阀阅责公卿。

还珠完璧留兹惠，除莠安良释令名。

从此六军齐驻辇，不教倭奴任纵横。

注释

①选自《诗词双楫》，台湾大越艺术印刷厂1986年3月印。原诗十首，选第六、第九首。作者另有《降敌》四首，记日寇投降时的心情。王正益（1908~？），安徽萧县人。抗战期间曾任陕西渭南法院推事、郿县主任法官，抗战胜利后返南京，后去台湾，曾任台湾高等法院推事等职。有《白楼诗集》。

声声慢 ·闻倭寇败降有作[①]

沈祖棻

追踪胡马，惊梦宵笳，十年谁分平安？已信犹疑，何时北定中原？真传受降消息，做流人、连夕狂欢。相笑语，待巴江春涨，共上归船。　　肠断吴天东望，早珠灰罗烬，乔木荒寒。故鬼新茔，无家何用生还[②]。依然锦城留滞，告收京、家祭都难。听奏凯，对灯花、衔泪夜阑。

注释

①选自《沈祖棻诗词集》，江苏古籍出版社1994年8月版。沈祖棻（1909~1977），字子苾，别号紫曼，浙江海盐人，出生于苏州。曾任金陵大学、南京师范学院、武汉大学等校教授。著有《涉江诗》《涉江词》等。

②自注：癸未夏，红妹病殇。乙酉春，先君复弃养沪上。

过秦楼①

沈祖棻

乍扫胡尘，待收京国，一夕万家欢语。苔迷旧径，草长新坟，忍望故园归路。何日漫卷诗书，巫峡波平，片帆轻举。纵生还未老，江南重到，此情偏苦。　　愁更说、苜蓿堆盘，文章憎命，尚作锦城羁旅。寻巢燕倦，绕树乌惊，况是暂栖无处。谁慰凄凉病怀？吴苑书沈，秦楼人去。剩香炉药盏，留伴悲秋意绪。

注释

①选自《沈祖棻诗词集》，江苏古籍出版社1994年8月版。

自宁火车赴沪沿途各站时见日降兵甚众待命遣归[①]

潘受

天骄不免为降虏，且喜归非化骨灰[②]。

悟彻佳兵凶器否？相亲笑待洗心来。

注释

①选自潘受著《海外庐诗》，黄山书社2010年版。潘受（1911~1999），原名潘国渠，字虚之，号虚舟，福建南安人。1930年南渡新加坡，初任《叻报》编辑，1934年起执教于华侨中学、道南学校及马来亚麻坡中华中学，并曾任道南学校校长6年。1940年任"南洋华侨回国慰问团"团长，率团取道缅甸回国，慰劳抗日将士。著有《海外庐诗》。

②自注：战时阵亡日军，必烧灰盛匣子中载之归国，仪式隆重，美其名曰"沉默凯旋"。

自渝挈眷飞越三峡抵南京时日本乞降九月矣[①]

潘受

绝足风云肯九羁？东行自笑出巴迟[②]。

九天下接萧森气，万里平生詇荡思[③]。

书剑与人俱落泊，河山还我尚支离。

都门别有瞻乌感，不独重来鹤语悲[④]。

1946年

注释

①选自潘受著《海外庐诗》，黄山书社2010年版。

②绝足：千里马。孔融《论盛孝章书》："燕君市骏马之骨，非欲以骋道里，乃当以招绝足也。"③詇荡：旷荡，空旷。

④瞻乌：喻指乱世流离失所的人。《诗·小雅·正月》："瞻乌爰止，于谁之屋？"鹤语：言鹤寿长，多知往事。南朝宋刘敬叔《异苑》："晋太康三年冬，大寒，南州人见二鹤语于桥下，曰：'今兹寒，不减尧崩年也。'于是飞去。"

渝都凯唱 并序（选三）①

成惕轩

　　民国三十四年八月十日，日本幡然悔祸，愿受波茨坦联合公告之约束，履行无条件投降。于时抗倭圣战，已逾八年，望治之心，靡间中外。捷音初至，寰宇腾欢，渝都居民，欣奋尤甚。铙歌竟作，爆竹争喧，壮马朱轮，飙驰道左；垂髫白发，雀跃街头。万象纷陈，动人心目，秋窗灯下，率尔操觚，未能罄其百一也。

> 八载艰难天不负，捷音傍晚到渝江。
> 山城百万人空巷，爆竹声中说寇降。

> 分曹祝捷盛筵开，此乐浮生得几回。
> 千五百人同一醉，欢声座上动春雷。

> 天真第一是儿童，也解怀乡唱大风。
> 手指长江话归计，明朝买棹过巴东。

注释

①选自成惕轩著《楚望楼诗文集》，黄山书社2014年版。原书标题《渝都凯唱（录四）》选第一、二、三首。

收京和秋圃

成惕轩

望中陵阙森佳气，喜赋收京告百灵。
蜀月送人千里白，钟山还我旧时青。
便教久客成归客，莫问长亭与短亭。
击楫放歌东去也，数行鸥惊起前汀。

注释

① 选自成惕轩著《楚望楼诗文集》，黄山书社2014年版。

日寇投降后赴东北路上^①

高体乾

八年伏寇醉流觞，无数山村喜欲狂。
久苦有家归不得，千军星夜向辽阳^②。

1945年10月

注释

①选自红叶诗社编《红叶》第36辑，解放军文艺出版社2007年11月第1版。高体乾（1911~1998），辽宁省建平县人。1932年参加东北抗日义勇军，后任太岳军区司令部参谋处处长等职。解放战争时期，任第四野战军四十八军参谋长，参加辽沈、平津等战役。中华人民共和国成立后，任军事科学院副院长等职。1955年被授予少将军衔。

②太岳军区从5个团抽调班以上干部、骨干组成太岳支队，加上一个地方干部队共千馀人，由作者带领赴东北。

清平乐·庆祝抗战胜利^①

邓拓

喧天锣鼓，卷地红旗舞。革命长征万里路，极尽人间艰苦！　今朝四海同声，欢呼抗战功成。喜见漫山遍野，火光星月齐明。

1945年

注释

①选自《邓拓诗集》，人民文学出版社1979年12月第1版。邓拓（1912~1966），福建闽侯（今福州）人。曾任《晋察冀日报》社长兼总编辑，《人民日报》总编辑、社长，北京市委书记等职。著有《中国救荒史》《燕山夜话》《邓拓诗词选》《邓拓诗集》《邓拓文集》。

闻日寇投降①

芦获

雄师已报入京华，寂寞扶桑日色斜。
遥听铙歌连大漠，欣看天野茁新芽。
八年锋镝留鸿影，一卷飘零写荻花。
乡梦敢随归棹急，流民百万尚无家。

1945年9月

注释

①选自《芦获诗选》，花城出版社1986年2月第1版。芦获（1912~1994），原名陈培迪，广东省南海县西樵镇学堂乡人。抗战期间到桂林《广西日报》任副刊《漓水》编辑。出版的诗集主要有《桑野》《驰驱集》《芦获诗选》等。

念奴娇·参加盟军占领日本[①]

戴坚

扶桑直搏,清算了、马关辱权条约。铁鹏凌霄三岛渺,声震闹阎陵壑。战迹斑斑,都城堙没,只剩馀廓。即时甘雨,不教骄阳肆虐。　　教民经武多年,野心明治,军略图扩拓。北进鏖兵驱帝俄,更欺清廷虚弱。因利乘便,满洲启衅,积极谋侵略。泥淖深陷,袭珠港全盘错。

1946年1月

注释

①选自程里民编《戴坚将军诗词精选》,中国友谊出版公司1991年版。戴坚(1913~1999),湖南长沙人。国民党陆军中将。黄埔军校第七期参谋政治科毕业。1941年起任远征军荣誉2师少将师长,率部远征缅甸,对日军作战。抗战胜利后调任54军副参谋长。后在美国定居。

鬼子投降①

石一宸

厉兵秣马气昂昂，磨刀霍霍斩豺狼。

延安电波刚传到，日本鬼子已投降。

昔日穷凶恶极狼，而今垂首囚长廊。

抗战八年千古业，莫忘国仇血泪殇。

1945年9月

注释

①选自张秀岳主编《沂蒙之光诗词选》，山东人民出版社1998年10月第1版。石一宸（1914～2004），山东省临淄县人。1937年底参加革命，1938年加入中国共产党。曾任福州军区副司令员。1964年晋升少将军衔。

抗日战争胜利送眷乘舟还乡[①]

朱甸余

相送登舟去，北风江上寒。

八年同困苦，一别倍辛酸。

过埠勤投信，抵家善侍欢。

归期不在远，五月莺花残。

注释

①选自熊先煜主编《卢沟桥抗战诗词选》，北京燕山出版社2007年6月第2版。朱甸余（1915~？），安徽省泾县人。1940年毕业于金陵大学农业经济系。曾任湖北农学院讲师，南通农学院兼职副教授等职。新中国成立初，在华东农林部工作。1952年赴新疆，曾任新疆农经学会理事长，全国农业技术经济研究会顾问。

日寇投降喜赋二首[①]

邓志瑗

到处欢呼笑语哗，乞盟降使走囚车。
东来胡羯称雄武，南渡衣冠痛永嘉[②]。
支径风霜彭泽菊，撑肠饘粥广陵瓜[③]。
不须重下新亭泪，四海升平已一家[④]。

习习秋风桂绽华，举头明月尚天涯。
三年学省貂裘敝，八载狼烟马齿加[⑤]。
未死细民犹有国，欲归游子已无家。
胡平喜得身方壮，好泛张骞博望槎[⑥]。

注释

①选自邓志瑗著《梦樵诗词》，见徐冰云主编《百丈诗征》，江西省奉新县文学艺术界联合会1992年9月编印。邓志瑗（1915~ ），江西省奉新县人。曾任江西师范学院教授，全国教育学院师专古汉语教学研究会副会长。著有《中国文字学简说》等。

②南渡衣冠痛永嘉：永嘉（公元307~313年），晋怀帝司马炽的年号。永嘉五年（公元311年），因刘曜、石勒之乱，晋军主力被歼，统帅王衍等死难，西晋皇室与王氏、谢氏等衣冠士族大量南迁。

③支径：小路。彭泽：晋陶渊明尝为彭泽令，以爱菊花著称。撑肠饘粥广陵瓜：饘（zhān），稠粥。广陵瓜，事见《三国志·吴志·步骘传》，三国时的步骘避乱江东，与广陵友人卫旌以种瓜为生。广陵，古

地名，在今江苏扬州一带。

④新亭泪：《世说新语·言语》："过江诸人，每至美日，辄相邀新亭，籍卉饮宴。周侯中坐而叹曰：'风景不殊，正自有山河之异。'皆相视流泪。唯王丞相愀然变色曰：'当共戮力王室，克复神州，何至作楚囚相对！'"后人常用"新亭对泣"比喻处境困难，含悲忍辱，束手无策，或形容怀念故国的哀伤情状。

⑤貂裘敝：谓旅途或客居中处境困顿。《战国策·秦策一》卷三《苏秦始将连横》："（苏秦）说秦王书十上而说不行。黑貂之裘弊，黄金百斤尽，资用乏绝，去秦而归。"八载狼烟马齿加：八载，指从1937年七七事变到1845年8月15日，日寇宣布无条件投降的全面抗战时期。马齿，指年龄。从牙齿数目可以判断马的年龄，《榖梁传·僖公二年》："璧则犹是也，而马齿加长矣。"

⑥胡：古代北方游牧渔猎民族的自称。"胡平"，指日寇投降事。博望槎：槎，小船。张华《博物志》："汉武帝令张骞穷河源，乘槎经月而去，至一处，见城郭如官府，室内有一女织，又见一丈夫牵牛饮河，骞问云：'此是何处？'答曰：'可问严君平。'织女取榰（zhī）机石与骞而还。"骞曾封博望侯，后因以博望槎指张骞乘槎至天宫的传说。

喜闻日寇投降[①]

李伏波

声声爆竹沸湖城，闻缚苍龙喜不胜。
扶醉还来窗际立，错将星斗当花灯[②]！

注释

①选自李伏波著《雪鸿吟草》，长沙嘤鸣诗社编委会1994年编印。李伏波（1916~2007），解放前历任第九战区干训团少校处长、泸溪县政府秘书、汉寿县警察局长等职。1957年任湖南省参事室秘书，1983年任湖南省参事室参事。曾任中国书法家协会会员，湖南书法家协会理事，湖南省诗词协会理事，楚风诗词书画社副社长。

②作者任汉寿县警察局长时，值日寇投降喜讯传来。人民振奋，张灯游行，天上群星灿烂，地上花灯璀璨，故有"错将星斗当花灯"句。

闻抗战胜利喜赋①

宋景昌

久滞巴山蜀水旁，忽闻日寇缴刀枪。

八年生计多无路，万里漂流得返乡。

即竭囊钱沽酒肉，因筹盘费卖衣裳。

夜阑忽做开心梦，一霎轻车到洛阳。

1945年于重庆

注释

①选自《宋景昌诗文集》，河南大学出版社2005年6月版。宋景昌（1916~2006），河南汝阳人。河南大学中文系教授，从事古典文学研究。曾任河南诗词学会顾问、开封梁园诗社社长。

受降①

欧阳克嶷

闻道东南不解兵，汉家新筑受降城。
可怜万姓壶浆冷，方报王师向秣陵。

1945年9月

注释

①选自熊先煜主编《卢沟桥抗战诗词选》，北京燕山出版社2007年6月第2版。欧阳克嶷（1916~1999），四川省威远人。曾任民革新疆区委副秘书长，新疆文史研究馆馆员，新疆诗词学会常务副会长。所著《焚馀草》存诗1400多首。

满江红·抗战胜利凯歌[①]

曹大铁

地坼天崩，风雷震，虾夷慑服。神州路，伏尸盈野，疮痍满目。锋镝馀生忧患去，河山再造祥光覆。似少陵身世赋收京，歌而哭。　　边徼外，钢柱复。珠崖内，版图足。喜汉官仪旧，受降城续。江山不容胡马饮，秋街初见华灯煜。看壶浆箪食迎王师，声雍穆。

一九四五年八月十二日，闻日寇投降，喜不成寐。十八日国军进驻邑城，空巷人来，欢声震耳，即夕赋此篇。

注释

①选自曹大铁著《梓人韵语》，南京出版社1993年版。曹大铁（1917~2009），江苏常熟市人，大学毕业，高级工程师，尝学诗书画于杨云史、于右任、张大千三名公。著有《半野堂乐府》《菱花馆歌诗》《大铁词残稿》。

"八一五"日本投降[①]

韦君宜

塞下忽传胜利声，八年苦战竟全功。
下山歌笑火光里，东去归程指日中。
万里河山凭放手，千章锦帜下江东。
生还父老应犹健，子弟兵归唱大风。

1945年在延安党校

注释

①选自《韦君宜文集》第5卷，人民文学出版社2013年4月版。韦君宜（1917~2002），原名魏蓁一，祖籍湖北建始，生于北京。早年先后在长春、北京读小学，1934年入清华大学哲学系，1939年奔赴延安，任《中国青年》编辑。新中国成立后，历任《中国青年》总编辑、《文艺学习》主编、作家出版社总编，人民文学出版社总编辑、社长等。

九月三日[①]

饶宗颐

举杯同祝中兴日，甲午而来恨始平。
一事令人堪莞尔，楼船兼作受降城[②]。

注释

①选自饶宗颐著《清晖集》，海天出版社2011年版。饶宗颐（1917~ ），字伯濂、又字选堂，号固庵，祖籍广东潮州。中央文史研究馆馆员、中华诗词研究院顾问、西泠印社社长、香港中文大学、南京大学等校名誉教授。1943年赴广西任无锡国专（桂林）教授，成《瑶山诗草》。著有《清晖集》《敦煌书法丛刊》《殷代贞卜人物通考》《词集考》等，结集为《饶宗颐二十世纪学术文集》二十册。

②"楼船句"，指1945年9月2日，在美国战列舰"密苏里"号上举行的日本投降签字仪式。

得日寇投降消息[1]

徐明

猛传顽敌已投降，舞笔抛书喜若狂。

整日欢歌惊鸟雀，通宵火炬绕山岗。

八年抗战青春热，千里从军斗志昂。

梦里亲人挣锁链，红旗哪日过长江？

1945年8月

注释

①选自《徐明诗选》，花山文艺出版社1985年6月第1版。徐明（1919~?），江苏海门县人，出生于上海。1935年考入江苏省立黄渡乡村师范学校，1938年春到延安，入抗日军政大学学习。1939年初到敌后晋察冀边区从事文艺工作。中华人民共和国成立后，曾任军委防空军司令部办公室主任、军委工程兵政治部报社社长等职。有诗集《鱼水集》《徐明诗选》。

日本投降之夜①

张中如

烛天篝火暗星月，动地欢声荡碧空。
午夜已接进军令，喜看朝阳照古城。

1945年9月

注释

①选自《将帅诗词选　续集》，辽宁人民出版社1988年7月第1版。
张中如（1919~？），山西省原平县人。抗日战争时期，任晋绥军区第八
军分区二十一团营长等职。中华人民共和国成立后，任中国人民解放军
总参谋部二部政治委员、部长。1964年晋升少将军衔。

抗战胜利感赋三首（选一）^①

魏向炎

八年抗战墟千里，一夜凯歌拂百城。
太息灯前小儿女，今宵不解话承平。

注释

①选自魏向炎著《抱璞集》，文峰诗社2000年5月编印。原诗三首，选第一首。魏向炎（1920~　），江西义安人。1940年毕业于南昌师范。抗战时期和解放前历任《大众日报》《力行日报》总编辑。解放后任江西人民出版社编辑，兼任江西诗社秘书长。编著《学诗浅说》《学词浅说》等。

闻日本投降①

马少侨

捷书昨夜报西京，野老相逢话太平。
投笔仲升归绝域，羁栖杜甫动归心②。
柳梢月上灯初吐，村店人喧酒半醺。
试问太仓新旧粟，几曾颗粒到饥民？

注释

①选自傅治同、谢道溪选编《马少侨诗文选集》，中国炎黄文化出版社（香港）2009年7月版。马少侨（1920~2006），湖南新化县人，终生从事基础教育工作，曾参加南社湘集，湖南诗词协会副会长。有《楚辞新证》《马少侨诗词选》《马少侨诗词续选》等。

②"投笔"句，指班超投笔从戎，立功西域，晚年始归。"羁栖"句，指杜甫寓蜀，闻官军收复河南、河北，便作归家计。

中国国共两党合作抗日胜利歌（集杜甫）^①

陈禅心

词林有根柢，浩荡古今同一体。极力不相让，快剑长戟森相向。清秋落日已侧身，回身飒飒吹沙尘。羯胡腥四海，败绩自逡巡^②。名垂万古知何用？但觉高歌感鬼神。

1945年9月3日作于莆田

注释

①选自陈禅心著《沧桑集》，福建省莆田市城厢区海外联谊会1995年10月编印。陈禅心（1921~? ），号畏佗。福建省莆田县人。中华人民共和国成立后，任福建省文史研究馆馆员。1936年加入中国空军，属空军第四大队。抗战时转战于南京、南昌、周家口、武汉。抗战期间，集唐人诗句为抗战诗集《抗倭集》，《沧桑集》也有部分反映抗战的集句诗。

②"羯胡"：指发动侵华战争的日本帝国主义。

欣闻日寇投降 并序①

霍松林

　　一九四五年八月十日午后七时许，余与无怠、无逸、强华等在兰州逆旅闲谈，而窗外砰砰之声愈响愈烈。初疑变作，侦之始知日寇投降，鸣炮所以志庆也。因同游街头，狂欢不可名状。作长歌记之。

> 霹雳复轰轰，前音乱后音。
> 初如长江毁堤闸，滚浪翻波迷九津。
> 继若大漠起风暴，飞沙走石动八垠。
> 仿佛七月初七夜，依稀八月十三晨。
> 人扰攘，马纷纭，铿尔刀枪撞击频。
> 渐响渐近渐分明，细辨始知非日军。
> 蜂拥工农商学兵，男女老幼笑欣欣。
> 争说日寇树白旗，争掷鞭炮入青云。
> 乍见此景信复疑，细思此事假还真。
> 一自妖氛来东海，神州万里任鲸吞。
> 明眸皓齿委荒郊，青燐白骨伴空村。
> 黄裔赫斯怒，睡狮忽迅奔。
> 父训其子兄勖弟，妻嘱其夫爷告孙。
> 临行洒泪苦叮咛，毋宁死敌不苟存。
> 尺城必守寸土争，百战威焰薄海滨。
> 遂使虎狼之敌成羔羊，神灶之神已不神。

欢声那可倭皇闻，闻之何异敲丧钟。

遥知今夜卢沟月，清光应比三岛明。

1945年8月

注释

①选自《霍松林选集·诗词集》，陕西师范大学出版社2010年第1版。霍松林（1921~　　），甘肃天水人。陕西师范大学中文系教授、中华诗词研究院顾问。著有《唐音阁吟稿》《霍松林选集》等。

日寇投降喜赋①

胡柱国

熙熙攘攘闹山城，炮竹声声远近村。

乍见群狂欢起舞，争看赤纸报新闻。

两颗原子惊三岛，八载神州歼万军。

称霸轴心同覆辙，雄狮东亚吼雷鸣②。

注释

①选自武汉市蔡甸区诗词楹联学会、武汉市蔡甸区水利诗联学社、武汉市蔡甸区侏儒诗联学会、蔡甸区文化局等编《纪念抗日战争胜利五十周年诗词楹联集》，1995年编印。胡柱国（1922~　），笔名剑萍，自号华林书屋主人。湖北省黄梅县人。历任汉阳、黄梅中小学教员、教导主任、工会主席相继四十余年。著有《剑萍诗选》等。

②轴心：指在第二次世界大战中结成的法西斯国家联盟，核心是纳粹德国、意大利和日本，包括与他们合作的国家和占领国。人们称法西斯同盟为"轴心"，参加国为"轴心国"。1942年元旦，美、英、苏、中等26个国家在华盛顿签署《联合国家宣言》，标志着世界反法西斯同盟形成。

闻日寇投降喜赋四首（选二）①

汤柏林

山中忽报寇军降，万姓欢腾彻夜狂。
料得故园秋正好，行装检点莫彷徨。

讲武由来道易穷，下民视听应苍穹。
可怜一片降幡出，三岛樱花寂寞红②。

注释

①选自《新学风》（合肥）1946年第1卷第2期。原诗共四首七绝，这里选的是第一、三首。汤柏林（1922年~? ），安徽无为人。1946年毕业于安徽大学外国文学系，执教大、中学垂五十年。著有《启微轩吟草》《启微轩谈诗》《启微轩诗联丛话》等。

②三岛：清末民初时对日本的别称，指当时日本的本部领土：本州岛、四国岛、九州岛。后来随着北海道的开发，日本就不再是三岛而是四岛了。

喜日寇投降^①

马依群

闻道倭奴举手降，教人怎不喜如狂。

樽开绿蚁饮当醉，剑拔青锋舞欲翔^②。

抗战嗟堪酬素愿，祭翁先告灭豺狼^③。

茫茫夜幕于今落，旭日东升大地光。

注释

①选自徐洪章、张宝康主编《铁军诗韵》，中共党史出版社2009年3月版。马依群（1922~2008），安徽省巢湖市人。1940年参加革命，曾任新华社记者、安徽省马鞍山市第17冶金建设公司宣传部副部长。著有《望春诗抄》《太白楼吟坛》。

②绿蚁：新酿的酒还未滤清时，酒面浮起酒渣，色微绿（即绿酒），细如蚁（即酒的泡沫），称为"绿蚁"。唐白居易《问刘十九》："绿蚁新醅酒，红泥小火炉。晚来天欲雪，能饮一杯无？"青锋：一种锋利的宝剑。

③"祭翁"句，作者之父马守良于1938年5月被侵华日寇枪杀，此用陆放翁诗："王师北定中原日，家祭无忘告乃翁"。"豺狼"，喻日本侵略者。

今洗兵马^①

刘永平

劲军海上捣圆峤，血染鲸波杵橹漂。

闪电传捷凌晨至，仰绝冠缨块垒消。

遥闻氢弹当空落，广岛一旦化巨壑。

迅卷烈焰炽云天，怒吼狂飚撼燕幕，

残王作孽招火焚，俯首宛同虱处裈^②。

泪洒殿前主和议，盟订城下树降幡。

神州奏凯大称快，兜鍪森立可汗拜^③。

重整金瓯扫馀氛，万里长空铺霞彩。

倚天抽剑歌大风，青春作伴登归程。

八年阴霾全扫却，试看天际贯长虹。

1945年8月

注释

①选自刘永平著《庸屏诗词选》，自印本。杜甫有《洗兵马》，咏唐军收复西凉，今庆日寇投降，抗战胜利。刘永平（1924～？），字庸屏，号大同居士，河南许昌人。1947年毕业于四川大学中国文学系，从事文化教育，后居北京。曾任北京卿云诗社社长等。有《华阳集》《苹花馆词》《秣陵集》等。

②虱处裈，言肮脏的虱子藏在内裤之中。裈（kūn），内裤。

③兜鍪（dōu móu）：古时的军冠，这里借代将士。可汗：匈奴的君主，这里指日本天皇。

日寇投降感赋①

张作斌

十年倒悬感沉哀，屠尽苍生虏尽财。

百万生灵死道路，八方黎庶哭尘埃。

泪枯盼得丸旗堕，齿切何招星帜来②。

长啸一声余去也，沙场驰骋猎狼豺。

1945年

注释

①选自张作斌著《逝水集》，广东人民出版社1989年6月版。张作斌（1924~？），黑龙江省哈尔滨人。1945年入伍，参加过辽沈战役、平津战役。中华人民共和国成立后，曾任中共广东省委宣传部长。有《逝水集》。

②"泪枯"二句，指打倒日本，又引来美帝。丸旗，日本国旗。星旗，美国国旗。